MANUAL
DO
DEVOTO
DE
NOSSA SENHORA
APARECIDA

MISSIONÁRIOS REDENTORISTAS

MANUAL DO DEVOTO DE NOSSA SENHORA APARECIDA

EDITORA
SANTUÁRIO

1ª edição: 1904
Nova edição refundida: 1996
Nova edição em CTcP: 2009

Foto da capa: Thiago Leon

ISBN 85-7200-368-1

83ª impressão

Rua Padre Claro Monteiro, 342 — 12570-045— Aparecida-SP
Tel.: 12 3104-2000 — Televendas: 0800 0 16 00 04
www.editorasantuario.com.br
vendas@editorasantuario.com.br

Apresentação

Este livro de piedade, o Manual do Devoto de Nossa Senhora Aparecida, em sucessivas edições, vem contribuindo fortemente para expandir e alimentar a devoção do povo brasileiro para com a Virgem Maria.

Seu autor foi Pe. Gebardo Wiggermann. Esse missionário redentorista foi o fervoroso devoto de Nossa Senhora Aparecida que em 1904, por ocasião da coroação de Nossa Senhora Aparecida como Rainha do povo brasileiro, lançou a primeira edição de seu escrito.

Com o correr dos anos o livro foi periodicamente adaptado às novas circunstâncias e necessidades de cada momento, sempre atento às mais recentes orientações da Igreja, respeitando suas estruturas fundamentais e mantendo as expressões que melhor manifestassem a devoção à amada mãe de Jesus de Nazaré, Rainha e Padroeira do Brasil.

Junto às preces mais tradicionais, aqui se encontram orações para as diversas circunstâncias do dia a dia e instruções para se viver autenticamente a fé cristã. Este livro também traz de forma resumida a história de Nossa Senhora Aparecida, desde o milagroso encontro de sua imagem até os dias atuais.

Em 2017, o Santuário Nacional de Nossa Senhora da Conceição Aparecida e toda a Igreja de Deus em nossa pátria celebram os trezentos anos do encontro da imagem pelos três abençoados pescadores. Eis por que mais uma vez este importante livro tem esta edição atualizada. Que esta Mãe e Rainha, a Senhora Aparecida, abençoe aqueles e aquelas que se utilizarem deste manual.

Os editores

PRIMEIRA PARTE

HISTÓRIA DE NOSSA SENHORA APARECIDA

Encontro da imagem

Como surgiu a imagem de Nossa Senhora Aparecida?

Na segunda quinzena de outubro de 1717, passou pela vila de Guaratinguetá, em sua ida para as Minas, Dom Pedro de Almeida, o futuro Conde de Assumar, governador de São Paulo e das Minas. A Câmara local quis oferecer-lhe um banquete. Ordenou, então, aos pescadores que apresentassem todo o peixe que pudessem.

Os pescadores João Alves, Felipe Pedroso e Domingos Martins Garcia, juntos em suas canoas no rio Paraíba, começaram a lançar as redes no porto de José Correa Leite e foram até o porto de Itaguaçu. Nessa longa distância percorrida, não conseguiram peixe algum. Outra vez João Alves lançou a rede de arrasto e nela veio o corpo de uma imagem. Mais abaixo, lançou novamente a rede e tirou a cabeça daquela imagem. Unindo as peças, eles reconheceram que se tratava de Nossa Senhora da Imaculada Conceição. O pescador envolveu respeitosamente a imagem num pano que tinha na barca e continuaram a pesca. Em poucos lances colheram tanto peixe que tiveram medo de naufragar e voltaram para casa.

Desabrochar da devoção

Um texto escrito em 1757 pelo padre João de Morais e Aguiar, pároco de Guaratinguetá, afirma que a imagem ficou com Felipe Pedroso. Este colou com cera de arapuá a cabeça ao corpo. A família tinha o costume de rezar diante da imagenzinha da Senhora da Conceição. A eles logo se ajuntaram os vizinhos. Também os passantes que seguiam para as Minas uniam-se para o louvor da Senhora da Conceição. Continuando a viagem, eles levavam adiante a fama daquela imagenzinha. Começava assim no meio do povo simples a devoção a Nossa Senhora Aparecida. Felipe deu a imagem a seu filho Atanásio Pedroso que construiu para ela uma capelinha. Aí se juntavam todos para cantar o terço e mais expressões de amor e confiança.

Numa reza, em certa ocasião, duas velas de cera da terra que alumiavam a Senhora apagaram-se e, quando Silvana da Rocha correu para acendê-las, elas voltaram a acender-se sem intervenção de ninguém. Consta-se que este foi o primeiro prodígio de Nossa Senhora Aparecida. Graças iam sendo alcançadas e de boca em boca crescia até lugares distantes a veneração mariana. O pároco de Guaratinguetá, padre José Alves Vilela, deu seu apoio e liderou a construção de uma capelinha de pau a pique um pouco melhor.

O relato do encontro da imagem, da devoção popular, das graças alcançadas e das primeiras capelinhas está no 1º Livro do Tombo da Paróquia de Guaratinguetá. Consta no mesmo que o padre Vilela, percebendo que crescia a vinda de devotos e a capelinha já não tinha espaço suficiente, em 1743, resolveu pedir a Dom Frei João da Cruz, bispo da diocese do Rio de Janeiro, da qual a paróquia era parte, uma autorização para construir uma capela maior.

A bênção da igreja

Essa primeira capela de Nossa Senhora Aparecida, edificada pelo padre Vilela no Morro dos Coqueiros, em terras doadas pelos devotos e com auxílio das esmolas deixadas pelos romeiros, foi abençoada em 26 de julho de 1745. Era o dia de Sant'Ana, mãe de Nossa Senhora. Foi celebrada a primeira missa na capela. Assim a Igreja reconheceu oficialmente a devoção à Senhora encontrada nas águas do rio Paraíba.

A construção do templo que hoje está no Morro dos Coqueiros, a atual Matriz Basílica, teve início em 1844. Em 1848, foi concluído o frontispício. Só em 1878, as obras foram continuadas, sob a direção do Cônego Joaquim do Monte Carmelo. Ele conseguiu terminar a igreja ampliada e decorada em 1888. Em 24 de junho daquele ano, Dom Lino Deodato de Carvalho, então bispo de São Paulo, benzeu-a solenemente.

Em fins de 1893, o mesmo Dom Lino agraciou o templo com o título de "Episcopal Santuário de Nossa Senhora da Conceição Aparecida". Ele nomeou o primeiro vigário da Paróquia de Aparecida, Pe. Claro Monteiro do Amaral, e, no ano seguinte, fez com que seu bispo auxiliar, Dom Joaquim Arcoverde, providenciasse a vinda dos missionários redentoristas para o cuidado do Santuário.

O Papa São Pio X, em 1908, concedeu ao templo o honroso título de Basílica Menor. E Dom Duarte Leopoldo e Silva, Arcebispo de São Paulo, consagrou-a em 5 de setembro de 1909.

Em 1982, o templo foi tombado pelo Condephaat (Conselho de Defesa do Patrimônio Histórico, Artístico, Arqueológico e Turístico do Estado de São Paulo), considerando-o monumento de interesse histórico, religioso e arquitetônico.

Por 237 anos ali na Basílica do Morro dos Coqueiros esteve a Santa Imagem de Nossa Senhora Aparecida. No dia 3 de outubro de 1982 ela foi levada definitivamente para a Nova Basílica. Por isso mesmo, até hoje a Matriz Basílica integra o conjunto do Santuário Nacional e continua sendo um lugar de grande devoção dos romeiros e romeiras. Sua recente restauração, sustentada pelas doações da Família Campanha dos Devotos, durou vários anos e recuperou as riquezas espirituais, artísticas e de acolhimento e conforto do fiéis.

Os Redentoristas no Santuário

Em 28 de outubro de 1894, chegam a Aparecida os primeiros redentoristas vindos da Baviera. São padres e irmãos coadjutores que, a convite de Dom Joaquim Arcoverde de Albuquerque Cavalcanti, bispo de São Paulo, vieram para ser capelães e missionários de Nossa Senhora Aparecida. Seu trabalho seria atender aos romeiros que já visitavam o Santuário e, ao mesmo tempo, difundir a devoção a Nossa Senhora Aparecida. Já passa de cento e vinte anos que os redentoristas vêm prestando assistência religiosa e social, não somente às multidões de romeiros que visitam o Santuário, mas também ao próprio povo de Aparecida.

Para difundir a devoção a Nossa Senhora Aparecida, os redentoristas se lançam por todo o Brasil: pregam o Evangelho num serviço de verdadeiros evangelizadores e levam cópias da imagenzinha da Senhora, que sempre os acompanha.

O grande meio de evangelização dos Missionários Redentoristas está nas "missões populares". Embora pregando por todo o Brasil, popularmente são chamados de "os missionários de Aparecida", por causa de sua atuação no Santuário de Nossa Senhora Aparecida.

Para que não viessem a faltar "missionários de Aparecida", em 1898 os redentoristas fundaram o Seminário de Santo Afonso, onde são formados novos missionários.

Não contentes com esta providência, pensam mais longe: em 1900 começam a publicação do jornal "Santuário de Aparecida", arauto das glórias de Maria. Nascia aí a Editora Santuário que no futuro iria publicar o Almanaque de Nossa Senhora Aparecida e inúmeros livros em honra da Virgem Maria.

Para levar mais longe ainda a devoção à Senhora Aparecida, fundam, em 1951, a Rádio Aparecida, a primeira emissora católica do Brasil, em 2005, inauguram a TV Aparecida e, em 2007, criam o portal A12.com. Para sustentar esses meios de comunicação, colaboram fortemente os recursos doados pelos fiéis inscritos na Família Campanha dos Devotos. Em abril de 2002, tem início a publicação da Revista de Aparecida, enviada aos membros da Campanha dos Devotos. Assim, um conjunto de meios levam o Evangelho de Jesus e a devoção a Nossa Senhora Aparecida para o Brasil e para o mundo todo.

As grandes romarias

Os triunfos de Nossa Senhora Aparecida começaram com as romarias diocesanas e paroquiais. A primeira foi comandada por Dom Antônio Cândido de Alvarenga, bispo de São Paulo, em 8 de setembro de 1900. Eram 1.200 peregrinos. Vieram de trem. Por anos consecutivos essa romaria marcou época.

Hoje, são milhões de romeiros do Brasil e de outros países que visitam todos os anos o Santuário Nacional de Aparecida. Em 2003, foi criado o Caminho da Fé. Ele permite aos peregrinos que percorram a pé seus mais de 500 quilômetros, dispondo de paradas e de hospedagem intermediárias.

Fatos marcantes

Houve alguns fatos que marcaram sobremaneira o desenrolar da devoção à Senhora Aparecida. Eis alguns:

— Em 8 de setembro de 1904, Dom José de Camargo Barros coroou solenemente a veneranda imagem com a preciosa coroa oferecida pela princesa Isabel. Foi na praça do Santuário, na presença do Núncio Apostólico, de 12 bispos e de uma multidão de peregrinos vindos de São Paulo, do Rio de Janeiro e de cidades do Vale do Paraíba.

— Todo o ano de 1917 foi festivamente celebrado como bicentenário do encontro da imagem de Nossa Senhora Aparecida pelos três pescadores.

— Em 8 de setembro de 1929, na celebração dos 25 anos da coroação da imagem, durante a missa pontifical de encerramento do Congresso Mariano celebrado em Aparecida, Nossa Senhora Aparecida foi proclamada Rainha do Brasil. Estiveram presentes à solenidade 25 arcebispos e bispos, muitos sacerdotes e religiosos, e cerca de 20 mil pessoas. E, em 16 de julho de 1930, o Papa Pio XI confirmou a autenticidade dessa proclamação e declarou Nossa Senhora Aparecida Padroeira, diante de Deus e da Nação Brasileira.

— Em 31 de maio de 1931, o Cardeal Dom Sebastião Leme, que era grande devoto de Nossa Senhora, promoveu a ida da Imagem da Padroeira ao Rio de Janeiro, na época Capital do Brasil, a fim de receber as homenagens oficiais da Nação. O Presidente da República, Getúlio Vargas, autoridades eclesiásticas, civis e militares, e mais de um milhão de pessoas aclamaram Nossa Senhora Aparecida Rainha e Padroeira do Brasil.

— Entre 1965 e 1968, por ocasião dos 250 anos do seu encontro, a Imagem da Senhora Aparecida foi levada, em uma sequência de 15 peregrinações oficiais, a praticamente todo o território nacional. Foram visitadas 1.300 localidades, num total de 508 dias.

— Em 1962, o Papa São João XXIII declarou Nossa Senhora Aparecida Padroeira de Brasília, a Capital Federal. Em 10 de junho daquele ano, ela foi entronizada na catedral daquela cidade.

— No ano de 1967, o Papa Beato Paulo VI, por ocasião da celebração dos 250 anos do encontro da Santa Imagem, homenageou Nossa Senhora Aparecida com a doação de uma Rosa de Ouro, por ele mesmo benta, em Roma. Trata-se de uma preciosa joia com o formato de ramalhete de rosas e doada pelo Santo Padre a entidades ou pessoas como homenagem e expressão de reconhecimento. No santuário, esse dom foi recebido com todas as honras, inclusive com a presença do Sr. Presidente da República e uma multidão de romeiros.

— No dia 4 de junho de 1980, o Papa São João Paulo II esteve em Aparecida, sagrou o altar e o novo templo e deu-lhe o título de Basílica Menor, denominando-a “Casa da Mãe de Deus”.

— O Santuário teve ainda a graça de receber as visitas dos Papas Bento XVI, em 2007, e Francisco, em 2013.

— Um decreto publicado no Diário Oficial da União em 1980 declarou o dia 12 de outubro feriado federal para culto público e oficial a Nossa Senhora Aparecida.

— A Conferência Nacional dos Bispos do Brasil, no dia 12 de dezembro de 1984, publicou um decreto declarando Aparecida Santuário Nacional. Foi assim oficializado um título que havia já muitos anos era usado.

— No ano de 1985, por ocasião do XI Congresso Eucarístico Nacional realizado em Aparecida, criou-se no Santuário a Academia Marial. Ela conta algumas centenas de membros e vem cultivando o estudo da Mariologia, a espiritualidade e a devoção à Senhora Aparecida.

— Em 2004, o centenário da coroação de Nossa Senhora Aparecida foi solenemente celebrado. No dia 7 de setembro, realizou-se festiva e gloriosa celebração memória na Praça Nossa Senhora Aparecida, o mesmo local onde há 100 anos havia sido coroada. No dia seguinte, a Santa Imagem foi novamente coroada pelo Cardeal Dom Eugênio de Araújo Sales, legado papal, e por Dom Raymundo Damasceno Assis, em solene celebração na Basílica Nova.

De Paróquia a Arquidiocese

Desde 1745 Aparecida pertencia à Arquidiocese de São Paulo. Em 1958, porém, a Santa Sé elevou Aparecida à Arquidiocese, e sua instalação canônica se deu em 8 de dezembro do mesmo ano.

O primeiro arcebispo de Aparecida foi o cardeal Dom Carlos Carmelo de Vasconcellos Motta, que tomou posse no dia 29 de junho de 1964. Teve por arcebispo coadjutor o redentorista Dom Antônio Ferreira de Macedo.

Em 1978, foi nomeado para novo arcebispo coadjutor e Administrador Apostólico da Arquidiocese Dom Geraldo Maria de Morais Penido, que acabou se tornando o segundo arcebispo de Aparecida.

Dom Geraldo dirigiu a Arquidiocese até agosto de 1995, quando o franciscano Cardeal Dom Frei Aloísio Lorscheider tomou posse como terceiro Arcebispo de Aparecida. Dom Aloísio permaneceu à frente da arquidiocese até 2004, sendo sucedido por Dom Raymundo Damasceno Assis, que recebeu o título de Cardeal em 2010. De 2012 a 2016, Dom Raymundo teve como auxiliar o bispo redentorista Dom Darci José Nicioli.

A Nova Basílica

Já no Congresso Mariano de 1929, sentiu-se a necessidade de se construir uma basílica mais ampla para acolher as multidões. Dom José Gaspar de Afonseca e Silva deu, em 1939, os primeiros passos para isso; a ideia teve continuidade com Dom Carlos Carmelo de Vasconcellos Motta.

Em 10 de setembro de 1946, com a presença em Aparecida dos cardeais de São Paulo e do Rio de Janeiro, e diante de uma multidão de fiéis, o cardeal Patriarca de Lisboa, Gonçalves Cerejeira, benzeu a primeira pedra do futuro Santuário de Nossa Senhora Aparecida. O projeto, aprovado pela Comissão de Arte Sacra de Roma, é de autoria do arquiteto Benedito Calixto de Jesus Neto.

É a maior igreja do mundo, numa área coberta de 18.000 metros quadrados.

Desde 21 de junho de 1959 realizam-se no novo Santuário todos os ofícios religiosos, ao mesmo tempo que, nos dias de semana, seguem os trabalhos da construção.

300 anos do encontro da imagem

Grandiosas e solenes celebrações, juntamente com eventos religiosos e culturais paralelos, destinam-se à celebração dos 300 anos do encontro da imagem de Nossa Senhora Aparecida pelos pescadores em 1717.

Há um feliz acordo com o Santuário de Nossa Senhora de Fátima, em Portugal, que no mesmo ano de 2017 celebra os cem anos da Aparição de Nossa Senhora. Tal acordo leva a acontecimentos festivos realizados em conjunto. Uma imagem de Nossa Senhora de Fátima veio de Portugal para Aparecida e outra de Nossa Senhora Aparecida foi levada para o Santuário português. A imagem da Padroeira do Brasil foi colocada também em Roma, nos jardins do Vaticano.

Desde 2014 imagens fac-símiles (réplicas da original) de Nossa Senhora Aparecida são levadas em peregrinação a dioceses de todo o território nacional. Além das solenidades religiosas, das grandes romarias e dos acontecimentos que pontilham 2017, deve ser assinalada a construção do artístico campanário que completa o conjunto arquitetônico do Santuário Nacional e abriga o magnífico carrilhão de 13 sinos. O ano do tricentenário é também marcado pela conclusão de obras de arte e piedade que completam o conjunto decorativo da nova Basílica.

Alguns dados curiosos

A imagem de Nossa Senhora da Conceição Aparecida tem apenas 37 cm de altura e pesa 2,550 quilos. É modelada em terracota, ou seja, barro cozido, e inicialmente era policromada, com rosto e mãos brancas, manto azul escuro e forro vermelho granada. Conforme decreto de 1646 de Dom João IV, rei de Portugal, estas eram as cores oficiais para as imagens da Imaculada, padroeira de Portugal e seus domínios. A perda do colorido e o castanho brilhante atual seriam efeitos do tempo, principalmente daquele em que teria permanecido mergulhada no lodo e nas águas do rio Paraíba e daqueles tempos em que ficou exposta ao lume e fumaça das velas, candeeiros e tochas.

Desde 1875, a santa Imagem tem um pedestal de prata. E, conforme um documento da época, já em 1745 ela era recoberta com um manto de tecido. Coroa preciosa e manto azul bordado a ouro e com pedras preciosas são hoje distintivos de seu título de Rainha e Padroeira do Brasil.

Quem modelou a imagem original? Não há documento que dê plena certeza, mas os estudiosos mais competentes atribuem a Frei Agostinho de Jesus ou a algum de seus discípulos. Ele era um monge beneditino nascido no Rio de Janeiro e que em pleno seiscentismo, por vários anos, trabalhou em Sant'Ana do Parnaíba, no interior de São Paulo. Frei Agostinho teria trabalhado também em Jacareí, no Vale do Paraíba. Benditas as mãos que do barro informe produziram a Santa Padroeira do Brasil!

A estatuazinha, de traços delicados, apresenta-se com um sorriso nos lábios, descobrindo os dentes da frente. O rosto arredondado tem uma covinha no queixo. O penteado trabalhado cai em duas pequenas tranças ladeando a fronte ampla. Nos cabelos aparecem flores e há um diadema com três pérolas pendentes. As mãos postas, pequenas e delicadas, são como as de uma menina. As mangas da túnica, simples e justas, vão até o punho. Tanto a túnica como o manto são pregueados e chegam ao chão. Aos pés estão uma cabecinha de anjo e uma meia-lua, como geralmente é representada a Imaculada Conceição.

O material humilde e a cor escura da imagem têm um significado muito próprio: a Senhora Aparecida, a serva do Senhor, solidariza-se com os escravos e os mais abandonados, dos quais é especialmente Mãe. Disse um escritor que o castanho escuro de sua cor é a "tonalidade em que interferem as cambiantes das cinco raças do mundo. É uma mensagem antirracista, uma proclamação do universalismo católico, que abrange todos os tipos humanos, sem predominância de uns sobre os outros. É o sentido ecumênico da Igreja".

A Virgem, através da linguagem desta estatuazinha, pede-nos amor fraterno, solidariedade cristã, respeito à dignidade humana. Ela própria é a Imaculada, a mulher sem mancha de pecado, exemplo de pureza.

A água, na qual foi encontrada a Imagem, sempre foi símbolo do batismo, da purificação, de novo nascimento para a vida de fé e de conversão para Deus.

SEGUNDA PARTE

MEU DIA COM DEUS

A oração é indispensável para o nosso crescimento espiritual e para a nossa união com Deus. Desde o início de cada dia até o momento de oferecer ao nosso corpo o merecido descanso, temos momentos especiais que devem ser marcados com a oração, para que Deus esteja sempre presente em nossa vida.

Jesus é o nosso primeiro modelo de oração. Por inúmeras vezes, durante a sua vida pública, ele recomendou a oração, deixando-nos o seu próprio exemplo, quando passava a noite em oração.

O apóstolo São Paulo, em suas cartas, fala constantemente da necessidade da oração, demonstrando ele próprio que estava sempre em contato com Deus, através da oração, a ponto de dizer: "Eu vivo, mas já não sou eu, é Cristo que vive em mim" (Gl 2,20).

Santo Afonso de Ligório, Doutor da Igreja, é considerado o Mestre da oração. Tanto nos seus escritos quanto em seus trabalhos apostólicos, ele sempre apresentou a oração como o "grande meio de salvação". É dele a séria advertência: "Quem reza se salva, quem não reza se condena".

É bom lembrar que o essencial da oração é a nossa comunicação com Deus e com os santos, através de um diálogo de fé, de esperança, de amor, de súplica e de ação de graças. As inúmeras *fórmulas* que costumamos recitar são válidas, ajudam e constituem um preciosíssimo patrimônio da devoção popular. Todavia, é bom também nos dirigirmos a Deus com nossas próprias palavras.

De qualquer maneira, usando *fórmulas* ou nossas próprias palavras, levemos a sério a oração e o nosso Dia com Deus.

Ao levantar

Em nome do Pai e do Filho e do Espírito Santo. Amém.

Senhor, meu Deus e meu Pai, eu vos agradeço o descanso desta noite e vos bendigo por mais este dia que me concedeis de vida. Eu vos ofereço todos os momentos deste dia, na intenção de vos glorificar e amar; e vo-los ofereço em união com os merecimentos de nosso Senhor Jesus Cristo, pelas mãos da Santíssima Virgem Maria e em comunhão com o Espírito Santo.

Dai-me, Senhor, a graça de vos servir em tudo o que eu fizer. Que eu não cause tristeza àqueles que de mim esperam alegrias; que não seja injusto com aqueles que de mim esperam justiça; que eu não despreze aqueles que de mim esperam compreensão, amizade e caridade.

Senhor, em vossas mãos eu coloco a minha vida. Dai-me a vossa bênção, livrai-me do pecado e de todo o mal; e dai-me a vossa paz! Amém.

— Pai-nosso, Ave-Maria, Glória ao Pai.

Antes do trabalho

Eis-me aqui, Senhor, a iniciar mais uma jornada de trabalho. Eu vos agradeço a saúde, a disposição e a oportunidade que tenho de poder trabalhar e garantir assim o sustento de minha família. Abençoai-me, Senhor, e ajudai-me a executar bem as minhas tarefas.

Peço-vos que abençoeis também a empresa em que trabalho: seus donos, seus diretores, os encarregados e todos os funcionários e suas famílias. Especialmente vos peço pelos meus colegas de seção e por aqueles que estiverem passando por maiores dificuldades.

Fazei-nos instrumentos de vossa paz e ajudai-nos a construir um mundo melhor. Amém.

Antes das refeições

Em nome do Pai e do Filho e do Espírito Santo. Amém.

Senhor, eu vos bendigo por este alimento que vai me dar novas forças e coragem para continuar lutando. Não permitais que venha faltar à minha mesa nem à mesa de meus irmãos. Amém.

Ou

Abençoai, Senhor, este alimento que vou tomar por vossa bondade; e abençoai também as mãos que o prepararam. Amém.

Ou

Abençoai-me, Senhor, e a este alimento que estou recebendo de vossa bondade. Dai-o também aos que não têm. Amém.

Depois das refeições

Obrigado, Senhor, pelo alimento que acabei de tomar. Vós nunca esqueceis a minha mesa. Peço-vos que não esqueçais também a mesa de meus irmãos. Amém.

Ou

Senhor, meu Deus e meu Pai, eu vos agradeço o alimento que acabei de tomar. Fazei-me generoso para com aqueles que batem à minha porta, pedindo um pedaço de pão. Amém.

No fim do trabalho

Chegando ao fim de mais um dia de trabalho, eu vos bendigo, Senhor, e vos agradeço por tudo de bom que me concedestes fazer, junto com meus companheiros e supervisores. Abençoai-me na volta para casa e concedei-

-me um descanso feliz e restaurador, ao lado de minha esposa (meu esposo) e de meus filhos.

A missa na minha vida

O ideal para todo cristão seria iniciar ou terminar cada dia da semana com a participação na missa. A celebração eucarística e a comunhão do Corpo e do Sangue do Senhor é a melhor maneira de crescermos na união com Cristo e de oferecermos, junto com ele, a nossa vida como um sacrifício agradável a Deus. Como nem sempre é possível a participação na missa, nos dias de semana, sugerimos a comunhão espiritual, *que pode ser feita em qualquer momento do dia, onde quer que a pessoa se encontre. Basta recolher-se interiormente e pensar em Jesus, sempre presente ao nosso lado.*

Comunhão espiritual

Ó Jesus amantíssimo, eu creio que estais sempre conosco, para nos apoiar em nossa caminhada. Creio-vos presente também no mistério da Eucaristia, pelo qual nos ofereceis o vosso Corpo e o vosso Sangue, sob as espécies do pão e do vinho, para nosso sustento espiritual. Senhor Jesus, eu vos amo e quero viver unido convosco. Desejo receber-vos em meu coração. Mas, como não me é possível participar da comunhão sacramental, faço então a comunhão espiritual. Vinde, Senhor Jesus, e tomai posse de meu coração. Conservai-me sempre unido convosco e livrai-me do pecado e de todo o mal. Amém.

Prática da meditação

Nós já vimos na introdução desta parte como a oração é importante para a nossa união com Deus e para o nosso crescimento espiritual. Resta lembrar aqui que existem dois tipos de oração: a vocal *e a* mental.

A oração vocal *é a que fazemos normalmente, através de fórmulas já conhecidas ou com as nossas próprias palavras, dirigindo-nos a Deus e aos santos. É uma oração-monólogo, porque só nós falamos... e queremos que Deus nos escute.*

A oração mental, *que chamamos de* meditação, *é aquela em que, primeiro, nos colocamos na escuta, deixando que Deus nos fale; depois é que vamos falar com ele. Esta é a oração-diálogo, um verdadeiro encontro com Deus, porque primeiro procuramos ouvir Deus, para depois falarmos a ele.*

Tomemos como Mestra da oração mental a Virgem Maria, pois ela guardava todos os fatos relativos a Jesus, "meditando-os em seu coração".

Como se processa esse encontro com Deus? Como se faz para meditar?

Antes de tudo, procurar um lugar silencioso e concentrar-se, deixando de lado as preocupações. Em seguida, pedir as luzes do Espírito Santo e a ajuda de Maria, para que o encontro seja proveitoso.

Para iniciar

Em nome do Pai... *(p. 39)*; Vinde, Espírito Santo... *(p. 83)*; Ave, Maria... *(p. 87)*.

Tendo invocado o Espírito Santo e solicitado a ajuda de Maria, lemos um trecho de um livro de espiritualidade ou da Bíblia. Em seguida refletimos sobre o trecho lido, a fim de descobrirmos o que Deus quer falar-nos neste momento de nossa vida.

Depois fazemos perguntas práticas sobre o trecho do livro. Exemplos:

— O que Deus deseja me falar (me revelar) sobre o que acabei de ler? O que mais me impressionou?

— A que situações da minha vida, da vida da Comunidade e dos fatos do mundo pode aplicar-se esta mensagem?

— O que fazer para ajustar melhor a minha vida com a mensagem da leitura?

Por fim, falamos com Deus sobre as conclusões que tiramos da leitura e do que nos sentimos incentivados a fazer para crescermos na vivência cristã.

Para terminar

Pai-nosso... *(p. 47)*

Oração: Senhor, meu Deus, em vós ponho toda a minha esperança. Livrai-me do pecado e de todo o mal. Mostrai-me os vossos caminhos e ensinai-me a cumprir sempre a vossa vontade. Amém.

Ao deitar

Em nome do Pai...

Aqui estou, Senhor, meu Deus e meu Pai, preparando-me para o repouso desta noite. Não posso me deitar, sem antes dizer-vos um muito obrigado por mais um dia que me concedestes de vida; e não posso entregar-me ao sono, sem pedir perdão pelo que fiz de errado ou pelo que deixei de fazer de bom. *(Breve exame de consciência. Depois:)*

Perdão, Senhor, pelas minhas fraquezas deste dia; pelas mágoas e tristezas que possa ter causado; pelo bem que deixei de fazer e pelas injustiças que possa ter praticado. Ajudai-me com a vossa graça, para que eu possa ser melhor amanhã.

Abençoai, Senhor, o meu descanso e dai-me a vossa paz! Amém.

TERCEIRA PARTE

MINHA VIDA DE ORAÇÃO

MINHA VIDA DE ORAÇÃO
COM A SANTÍSSIMA TRINDADE

Sinal da Cruz

Pelo Sinal

Pelo sinal † da Santa Cruz, livrai-nos, Deus, † nosso Senhor, dos nossos † inimigos.

Em nome do Pai

Em nome do Pai e do Filho e do Espírito Santo. Amém.

Glória ao Pai

Glória ao Pai, ao Filho e ao Espírito Santo. Como era no princípio, agora e sempre. Amém.

Proclamação de nossa Fé

Creio em Deus Pai todo-poderoso, criador do céu e da terra; e em Jesus Cristo, seu único Filho, nosso Senhor, que foi concebido pelo poder do Espírito Santo; nasceu da Virgem Maria; padeceu sob Pôncio Pilatos, foi crucificado, morto e sepultado; desceu à mansão dos mortos; ressuscitou ao terceiro dia, subiu aos céus; está sentado à direita de Deus Pai todo-poderoso, donde há de vir a julgar os vivos e os mortos. Creio no Espírito Santo, na Santa Igreja Católica; na comunhão dos santos; na remissão dos pecados; na ressurreição da carne; na vida eterna. Amém.

Atos Cristãos

De Fé

Creio em Deus, que é Pai e por amor fez todas as coisas que existem. Creio em Jesus Cristo, seu Filho e nosso Senhor, que por amor se fez homem, nascendo da Virgem Maria, vivendo, morrendo e ressuscitando para que os homens pudessem ser felizes. Creio no Espírito Santo, fonte de Amor e de Vida, que faz com que os homens possam viver a própria vida divina. Amém.

De Esperança

Espero poder participar da amizade de Deus, realizando tudo aquilo que o Deus-Amor planejou para a minha vida. Espero ser digno da mensagem e da grande alegria que o Cristo me trouxe. Espero corresponder a todo Amor que o Espírito Santo derramou em mim. Espero ser feliz por toda a eternidade. Amém.

De Amor

Amo a Deus, que é Pai e que se preocupa com a minha felicidade. Amo todas as pessoas e coisas que ele criou e colocou no universo. Amo Jesus Cristo, meu Deus e meu irmão, e todos os homens que são manifestações dele para mim. Amo o Espírito Santo, procurando viver a vida divina e esforçando-me para ser testemunha de amor e de felicidade para todos. Amém.

De Contrição

Meu Deus, estou arrependido de tudo o que fiz de errado e de todas as vezes que me afastei de vosso plano de amor. Estou arrependido e quero voltar ao caminho que Cristo me ensinou. Conto sempre, meu Deus, com vosso amor e com vossa ajuda, para que eu possa sempre recomeçar a seguir as estradas do amor, da alegria e da felicidade. Meu Pai, perdoai-me e ajudai-me a ser um bom filho, imitando Jesus e obedecendo à voz do Espírito de Amor. Amém.

Oração à Santíssima Trindade

Ó meu Deus, Trindade que adoro, ajudai-me a viver plenamente em vós. Ó meu Cristo amado, sinto minha incapacidade e peço-vos que me transformeis para que eu tenha os mesmos sentimentos do vosso coração. Vivei em mim, para que minha vida seja uma irradiação de vossa vida. Vinde a mim como Adorador, como Reparador, como Redentor. Ó fogo consumidor, Espírito de amor, repousai sobre mim, para que se realize em minha pessoa uma nova encarnação do Verbo. Que eu seja para o Cristo como que uma nova humanidade, na qual ele renove todo o seu mistério. E vós, ó Pai, inclinai-vos sobre vossa criatura e vede nela vosso Filho, no qual colocastes todas as vossas complacências. Ó Trindade santa, imensidade em que me perco, entrego-me totalmente a vós. Permanecei em mim e permaneça eu em vós, esperando contemplar em vossa luz a imensidão de vossas grandezas. Amém.

Louvor a Deus pela criação

Ó Senhor, nosso Deus, como é glorioso o vosso nome em todo o universo! Vossa grandeza se manifesta triunfante nos céus e na terra. Quando contemplo os céus, obra de vossas mãos, o sol, a lua e as estrelas que lá colocastes, devo dizer: como é glorioso o vosso nome! Se contemplo a grandiosidade das montanhas, a imensidão do mar, a delicadeza das flores, a variedade dos animais, devo ainda exclamar: como é glorioso o vosso nome! Pergunto-me então: que é o homem para dele vos lembrardes? Que é o filho do homem para vos preocupardes com ele? No entanto, vós o criastes pouco inferior aos anjos, de glória e honra o coroastes. Destes-lhe o poder sobre tudo o que criastes: a terra com seus minerais, plantas, rebanhos e também os animais ferozes; os pássaros do céu e os peixes do mar; tudo o que se move no oceano e sobre a terra. Ó Senhor, nosso Deus, como é glorioso o vosso nome!

Oração pela nossa terra
(Papa Francisco)

Deus Onipotente, que estais presente em todo o universo e na mais pequenina das vossas criaturas, vós, que envolveis com a vossa ternura tudo o que existe, derramai em nós a força do vosso amor para cuidarmos da vida e da beleza. Inundai-nos de paz, para que vivamos como irmãos e irmãs sem prejudicar ninguém. Ó Deus dos pobres, ajudai-nos a resgatar os abandonados e esquecidos desta terra que valem tanto aos vossos olhos. Curai a nossa vida, para que protejamos o mundo e não o depredemos, para que semeemos beleza e não poluição nem destruição. Tocai os corações daqueles que buscam apenas benefícios à custa dos pobres e da terra. Ensinai-nos a descobrir o valor de cada coisa, a contemplar com encanto, a reconhecer que estamos profundamente unidos com todas as criaturas no nosso caminho para a vossa luz infinita. Obrigado porque estais conosco todos os dias. Sustentai-nos, por favor, na nossa luta pela justiça, o amor e a paz. Amém.

Louvores em reparação das blasfêmias

Bendito seja Deus! Bendito seja seu santo nome! Bendito seja Jesus Cristo, verdadeiro Deus e verdadeiro homem! Bendito seja o nome de Jesus! Bendito seja seu sacratíssimo Coração! Bendito seja seu preciosíssimo Sangue! Bendito seja Jesus no Santíssimo Sacramento do altar! Bendito seja o Espírito Santo Paráclito! Bendita seja a grande Mãe de Deus, Maria Santíssima! Bendita seja a sua santa e imaculada Conceição! Bendita seja a sua gloriosa Assunção! Bendito seja o nome de Maria, Virgem e Mãe! Bendito seja São José, seu castíssimo esposo! Bendito seja Deus, em seus anjos e em seus santos!

Oração pela Igreja e pela Pátria

Deus e Senhor nosso, protegei a vossa Igreja, dai-lhe santos pastores e dignos ministros; derramai as vossas bênçãos sobre o nosso Santo Padre o Papa, sobre o nosso bispo, sobre o nosso pároco e todo o clero; sobre o chefe da Nação, do Estado e sobre todas as pessoas constituídas em dignidade, para que governem com justiça. Dai ao povo brasileiro paz constante e prosperidade completa. Favorecei, com os efeitos contínuos da vossa bondade, o Brasil, este bispado, a paróquia em que habitamos, a cada um de nós, em particular, e a todas as pessoas por quem somos obrigados a orar, ou que se recomendaram às nossas orações. Tende misericórdia das almas dos fiéis que padecem no purgatório; dai-lhes, Senhor, o descanso e a luz eterna. Amém.

MINHA VIDA DE ORAÇÃO
COM O PAI

Oração do Pai-nosso

Pai nosso, que estais no céu, santificado seja o vosso nome; venha a nós o vosso Reino; seja feita a vossa vontade, assim na terra como no céu. O pão nosso de cada dia nos dai hoje; perdoai as nossas ofensas, assim como nós perdoamos a quem nos tem ofendido; e não nos deixeis cair em tentação, mas livrai-nos do mal. Amém.

Oração de disponibilidade

(Ir. Cleide T. Barbosa)

Pai:

Eu te entrego todas as minhas aspirações, todos os meus anseios, toda a tramitação dos meus pensamentos, toda a efusão dos meus sentimentos, porque só tu és capaz de conter o meu coração inquieto e sedento de compreensão e amor.

Pai:

Em tuas mãos coloco minha capacidade de sentir e agir, os meus projetos e criatividades, porque só tu és capaz de completar o espaço imenso que tenho dentro de mim.

Pai:

Sob teu olhos deposito os planos elaborados por minha inteligência; faze deles o que te aprouver. A ti curvo-me, humildemente, silenciosamente, porque só tu és a sabedoria insondável, perfeita, acabada, luminosa e transformante.

Pai:

Recebe também as minhas apreensões, as minhas restrições e as minhas intolerâncias. Enfim, toma em teu coração a minha vida, Senhor, esta vida que é o maior dom que recebi de ti; e preciso entregá-la como, quando e onde quiseres.

Pai:

Faze com que eu seja submisso aos teus planos. Converte-me ao teu amor, porque só tu tens a palavra de vida eterna. Assim seja!

Oração filial

Meu Deus e meu Pai, eu vos bendigo e vos agradeço, porque, desde antes da criação da mundo, me predestinastes para existir como pessoa humana e para ser vosso(a) filho(a) adotivo(a), na santidade e no amor. Senhor, em vossas mãos eu coloco a minha vida. Mostrai-me os vossos caminhos e ensinai-me a cumprir sempre a vossa vontade. Amém.

MINHA VIDA DE ORAÇÃO COM O FILHO

Oração para pedir a Fé

(Paulo VI)

Senhor, creio em ti! Eu quero crer em ti.

Senhor, faze que minha fé seja plena, sem reservas, e que penetre em minha inteligência e em meu modo de julgar as realidades divinas e humanas.

Senhor, faze que minha fé seja livre, isto é, que tenha a minha adesão pessoal, aceite as renúncias e os deveres que ela impõe e seja a última instância decisiva de minha pessoa. Creio em ti, Senhor.

Senhor, faze que minha fé seja certa. Certa pela coerência exterior dos motivos e certa pelo testemunho interior do Espírito Santo. Certa por uma luz que lhe dê segurança, por uma conclusão que a tranquilize, por uma assimilação que a faça repousar.

Senhor, faze que minha fé seja forte. Que ela não tema a contradição que surge com os problemas, quando é plena a experiência de nossa vida ávida de luz. Que não tema a oposição de quem a discute, a ataca, a rejeita, a nega; mas que ela se robusteça com a experiência íntima de tua verdade, resista ao cansaço da crítica, fortaleça-se com a afirmação contínua que vence as dificuldades dentro das quais se desenrola nossa existência terrena. Senhor, faze que minha fé seja cheia de tranquilidade e que dê ao meu espírito paz e alegria, gosto pela oração com Deus e a convivência com os homens, de maneira que, no diálogo com Deus e com o mundo, se irradie a alegria interior de sua posse afortunada.

Senhor, faze que minha fé seja operante e dê à caridade os motivos de sua atuação, de sorte que a caridade seja verdadeira amizade contigo, busca contínua de ti, contínuo testemunho, contínuo alimento de esperança nas obras, nos sofrimentos, na experiência da revelação final.

Senhor, faze que minha fé seja humilde e não pretenda apoiar-se na experiência de meu pensamento, mas que se entregue ao testemunho do Espírito Santo e não busque maior garantia, a não ser a docilidade à Tradição e à Autoridade do Magistério da Igreja. Amém.

Oração para pedir a Esperança

Senhor, concedei-nos a virtude da esperança. Esperança que não se fundamenta nas limitadas forças humanas, mas em vosso poder, em vossa misericórdia e na fidelidade às vossas promessas.

Quando lutamos para que o reino do Pai se estabeleça no mundo, e vemos a força dominadora do mal e o pouco que caminhamos, sustentai-nos com vossa graça para não cairmos no desânimo.

Afastai de nós o temor, pois vós vencestes o mundo. Se tentamos empreendimentos e fracassamos, dai-nos a capacidade de vermos para além das aparências e descobrir vossa Providência, que tudo organiza para o bem daqueles que amais. Quando nossa boa vontade é colocada à prova; quando, apesar de nossos esforços, sentimos o mal que existe em nosso coração, do qual tantas vezes somos vítimas em nossa fraqueza, dai-nos a esperança que impede todo desânimo.

O tempo, Senhor, tudo desgasta. Até a pedra se decompõe sob a ação do tempo. Que a nossa esperança seja firme, mais que a rocha, para que, apoiados em vossa graça, saibamos recomeçar cada dia a caminhada para vós, até que sejamos perfeitos, como o Pai do céu é perfeito, e assim consigamos a recompensa que reservais para aqueles que vos são fiéis. Amém.

Oração para pedir a Caridade

Ó Jesus, vós dissestes: "Tudo o que fizerdes ao menor dos meus irmãos, a mim o fazeis". Creio, Senhor, nestas vossas palavras, mas aumentai a minha fé, para que eu possa descobrir vosso rosto escondido em todos aqueles que encontro em meu caminho. Ajudai-me a superar meu egoísmo, para que eu possa alimentar-vos dando de comer aos que padecem fome; matar vossa sede oferecendo água aos sedentos; que eu possa dar-vos um teto abrigando os que não têm casa e vestir-vos quando vos vejo passando frio na pessoa de meu irmão; que eu tenha coragem de visitar-vos quando doente e preso, levando consolo aos enfermos e prisioneiros.

Dai-me, Senhor, sensibilidade para descobrir todas as vossas necessidades nas pessoas que encontro em minha vida; e dai-me generosidade para minorar vossos sofrimentos naqueles que são vossos e meus irmãos. Assim possa eu ouvir de vossos lábios: "Vem, bendito de meu Pai, toma posse do reino que para ti está preparado, como herança, desde o princípio do mundo". Amém.

Oração a Cristo Rei

Deus nos arrancou do poder das trevas e nos transportou para o Reino de seu Filho bem amado, no qual temos a redenção, a remissão dos pecados.

— Louvor a vós, ó Cristo, Rei da glória!

Ó Cristo, sois a imagem de Deus invisível, o primogênito de toda criatura, pois em vós foram criadas todas as coisas, no céu e na terra, as visíveis e as invisíveis. Tudo foi criado para vós. Existis antes de tudo e tudo em vós tem existência.

— Louvor a vós, ó Cristo, Rei da glória!

Ó Cristo, sois a cabeça da Igreja, que é o

vosso corpo. Sois o princípio, o primogênito dentre os mortos e em tudo tendes a primazia.

— Louvor a vós, ó Cristo, Rei da glória!

Ó Cristo, foi do agrado de Deus fazer habitar em vós toda a plenitude, reconciliar por vós e para vós todos os seres da terra e dos céus, estabelecendo a paz pelo sangue de vossa Cruz.

— Louvor a vós, ó Cristo, Rei da glória!

Glória ao Pai, glória ao Filho, glória ao Espírito Santo, agora e para sempre! Amém.

Via-sacra meditada

Leitor: Desde a primeira sexta-feira santa até hoje, parece que as coisas não mudaram muito. Agora, celebrando a Paixão de Cristo, as personagens não são somente aquelas; aumentou seu número. Modificaram-se as vestes. Ficou mais longo o caminho que vai da condenação à ressurreição. O Cristo vive em seus membros... continua a sofrer e a morrer por nós, sob os nossos olhos. A rua da amargura são as ruas da nossa cidade, corta nossos bairros, atravessa nossos hospitais, nossas prisões, nossas favelas, nossos escritórios, nossos tribunais, nossas fábricas. Passa pelos caminhos da miséria e do sofrimento sob todas as formas. É diante destas estações que vamos meditar e rezar, pedindo ao Cristo força para amá-lo bastante e disposição para agir.

Primeira Estação

DR

Leitor: Jesus é preso e condenado à morte. Faz vinte séculos, e ainda hoje Cristo continua preso em prisões que se chamam prisões e em prisões que têm muitos nomes diferentes.

Todos: **Senhor, ensinai-me a reconhecer-vos em todas as prisões, para que no dia em que eu for conduzido ao supremo tribunal, possa ouvir de vossa boca: "Vinde, benditos de meu Pai, porque eu estava preso e vós estivestes comigo".**

Leitor: Nós vos adoramos, ó Cristo, e vos bendizemos!

Todos: **Porque pela vossa Cruz e Ressurreição remistes o mundo.**

Segunda Estação

DR

Leitor: Jesus está com a cruz às costas. O sofrimento é um mistério que só à luz da fé pode ser esclarecido.

Todos: **Senhor, abri os nossos olhos para que possamos enxergar os rastos do vosso caminho nos caminhos do nosso sofrimento. Abri nossos ouvidos para ouvirmos vosso apelo: "Se alguém quiser vir após mim, tome sua cruz e siga-me".**

Leitor: Nós vos adoramos, ó Cristo, e vos bendizemos!

Todos: **Porque pela vossa Cruz e Ressurreição remistes o mundo.**

Terceira Estação

Leitor: Jesus cai pela primeira vez ao peso de sua cruz. Cristo fez a sua cruz redentora do tamanho dos sofrimentos de todos os tempos.

Todos: **Senhor, não vale a pena carregar a minha cruz separada da vossa. Dai-me a força necessária para carregar a cruz inteira, que é redentora, e para ser responsável também pelos outros homens.**

Leitor: Nós vos adoramos, ó Cristo, e vos bendizemos!

Todos: **Porque pela vossa Cruz e Ressurreição remistes o mundo.**

Quarta Estação

Leitor: Jesus encontra-se com sua Mãe. Quando se cruzam os olhares da Mãe e do Filho, são dois oceanos de amor que se juntam. Nessa hora, aumentam os sofrimentos, mas também aumenta a capacidade de sofrer.

Todos: **Maria, purifica o nosso olhar, para que reconheçamos o teu olhar em nosso caminho, e na tua lágrima vejamos a imagem do teu Filho.**

Leitor: Nós vos adoramos, ó Cristo, e vos bendizemos!

Todos: **Porque pela vossa Cruz e Ressurreição remistes o mundo.**

Quinta Estação

Leitor: O Cirineu ajuda Jesus a levar a cruz. Simão, o Cirineu, voltava do trabalho e teve de carregar a cruz de um condenado.

Todos: **Senhor, fazei-nos compreender que vós continuais passando** entre nós, em nossos irmãos que carregam seus fardos, e que nós podemos ajudar-vos.

Leitor: Nós vos adoramos, ó Cristo, e vos bendizemos!

Todos: **Porque pela vossa Cruz e Ressurreição remistes o mundo.**

Sexta Estação

Leitor: Verônica enxuga o rosto de Jesus. Corajosa, ela abriu caminho no meio da multidão e da soldadesca, para enxugar o rosto desfigurado de Cristo.

Todos: **Senhor, fazei-me corajoso, para abrir caminho através de tudo o que me se para de vós, para que eu também possa enxugar o vosso rosto no rosto de meus irmãos que sofrem.**

Leitor: Nós vos adoramos, ó Cristo, e vos bendizemos!

Todos: **Porque pela vossa Cruz e Ressurreição remistes o mundo.**

Sétima Estação

DR

Leitor: Jesus cai pela segunda vez. Quanta humilhação! Deus caído de novo aos pés dos soldados.

Todos: **Senhor, ensinai-me a aceitar com humildade as quedas e ter a coragem de começar de novo a caminhada.**

Leitor: Nós vos adoramos, ó Cristo, e vos bendizemos!

Todos: **Porque pela vossa Cruz e Ressurreição remistes o mundo.**

Oitava Estação

Leitor: O encontro de Jesus com as mulheres de Jerusalém. Desde a saída do tribunal, Jesus não proferira uma única palavra. Agora, diante das mulheres que choravam, ele diz: "Não choreis por mim, mas por vós mesmas e por vossos filhos".

DR

Todos: **Senhor, fazei-me reconhecer minhas fraquezas e dai-me coragem para enfrentá-las.**

Leitor: Nós vos adoramos, ó Cristo, e vos bendizemos!

Todos: **Porque pela vossa Cruz e Ressurreição remistes o mundo.**

Nona Estação

DR

Leitor: *Jesus cai pela terceira vez.* Levanta-se e continua sua caminhada de amor, que é também uma caminhada de dor.

Todos: **Senhor, se vós, que sois Deus,**

caístes e humildemente vos levantastes para continuar, por que eu não poderei humildemente reconhecer as minhas quedas, levantar-me e continuar? Dai-me, Senhor, a graça da perseverança.

Leitor: Nós vos adoramos, ó Cristo, e vos bendizemos!

Todos: **Porque pela vossa Cruz e Ressurreição remistes o mundo.**

Décima Estação

DR

Leitor: Jesus é despojado de suas vestes. São Paulo diz: "Vós sois o Corpo de Cristo".

Todos: **Senhor, diante do vosso corpo desnudado no Calvário, vos pedimos: fazei-nos respeitar nosso corpo como templo vivo do Espírito Santo, e não tratá-lo como sepulcro de podridão.**

Leitor: Nós vos adoramos, ó Cristo, e vos bendizemos!

Todos: **Porque pela vossa Cruz e Ressurreição remistes o mundo.**

Décima primeira Estação

DR

Leitor: Jesus é crucificado. A cruz de Cristo não é instrumento de castigo, mas altar de sacrifício. O nosso sofrimento será a cruz de Cristo, se o nosso amor o transformar em sacrifício.

Todos: **Senhor, que a nossa vida crucificada seja fonte de perdão para nós, de amor para os outros, de salvação para todos.**

Leitor: Nós vos adoramos, ó Cristo, e vos bendizemos!

Todos: **Porque pela vossa Cruz e Ressurreição remistes o mundo.**

Décima segunda Estação

DR

Leitor: Jesus morre na cruz. "Não existe amor maior do que o daquele que dá sua vida por seus amigos" (Jo 15,13).

Todos: **Senhor crucificado, destes a vida pela humanidade. E eu? Quantos minutos dedico aos irmãos?**

Leitor: Nós vos adoramos, ó Cristo, e vos bendizemos!

Todos: **Porque pela vossa Cruz e Ressurreição remistes o mundo.**

Décima terceira Estação

Leitor: Jesus é descido da cruz, e seu corpo é entregue a Maria. Assim como o recebeu ao nascer, ela teve a coragem e a humildade de recebê-lo ao morrer.

Todos: **Senhor, em todos os momentos**

de minha vida, que eu possa seguir o exemplo de vossa Mãe!

DR

Leitor: Nós vos adoramos, ó Cristo, e vos bendizemos!

Todos: **Porque pelavossa Cruz e Ressurreição remistes o mundo.**

Décima quarta Estação

DR

Leitor: Jesus é sepultado. A pedra do túmulo de Cristo foi o marco da ressurreição. A sepultura cristã não é só lugar de saudades, mas também de esperança de vida em Deus.

Todos: **Dai-nos, Senhor, a vida eterna!**

Leitor: Nós vos adoramos, ó Cristo, e vos bendizemos!

Todos: **Porque pela vossa Cruz e Ressurreição remistes o mundo.**

Última Estação

Leitor: Jesus ressuscitou. E também nós ressuscitaremos. "Se Cristo não ressuscitou, é vã nossa pregação e vã vossa fé... Mas na verdade Cristo ressuscitou como primícias dos que morrem... Assim em Cristo todos reviverão" (1Cor 15,14-23).

Todos: **Senhor, eu creio na ressurreição, mas aumentai a minha fé!**

Leitor: Nós vos adoramos, ó Cristo, e vos bendizemos!

Todos: **Porque pela vossa Cruz e Ressurreição remistes o mundo.**

Oração para depois da Via-sacra

Lançai, Senhor, um olhar de misericórdia sobre a vossa família aqui presente, pela qual não hesitastes sofrer nem morrer. Concedei-nos, por intercessão de Maria, vossa e nossa Mãe, ser admitidos, após a morte, no vosso Reino.

E vós, Senhor, morto pela nossa salvação, dignai-vos admitir no céu nossos irmãos, nossos parentes, nossos amigos, nossos benfeitores e todos os cristãos que dormem sob o signo da cruz. Amém.

Visita a Jesus Sacramentado

As nossas "Visitas ao Santíssimo" e todo culto eucarístico fora da Missa devem manifestar, com clareza, a sua origem na Celebração da Eucaristia e a sua convergência para a Comunhão sacramental. Nunca pode ser uma homenagem descentralizada da pessoa do Cristo. Deve estar de acordo com a sua vontade de ser, pelo pão e pelo vinho consagrados, um sacramento de ação salvífica, um alimento de vida, uma Ceia pascal celebrada para comungar com Deus e construir a fraternidade dos irmãos. Por isso, nada é mais importante do que a participação ativa na Celebração eucarística (Missa).

Todas as nossas orações, adorações etc. diante do Sacrário devem traduzir uma preparação ou uma ação de graças, que nos mantenha em atitude de união contínua com a própria Celebração.

Oração Inicial

— Deus, vinde em nosso auxílio!

— Senhor, socorrei-nos e salvai-nos!

— Glória ao Pai, ao Filho e ao Espírito Santo!

— Como era no princípio, agora e sempre. Amém.

Hino

Vamos louvar sem cessar
Este mistério de amor,
Pois o preço deste mundo

Foi o sangue redentor
Recebido de Maria
Que nos deu o Salvador.

Veio ao mundo por Maria,
Foi por nós que ele nasceu.
Ensinou sua doutrina,
Com os homens conviveu.
No final de sua vida,
Um presente ele nos deu.

Observando a lei antiga,
Reuniu-se com os irmãos.
Era noite. Despedida.
Numa ceia: refeição.
Deu-se aos doze em alimento,
Pelas suas próprias mãos.

A Palavra do Deus vivo
Transformou o vinho e pão
No seu sangue e no seu corpo
Para a nossa salvação.
O milagre nós não vemos:
Basta a fé no coração.

Tão sublime Sacramento
Vamos todos adorar.
Pois um Novo Testamento
Vem o Antigo suplantar.
Seja a fé nosso argumento
Se o sentido nos faltar.

Ao eterno Pai cantemos
E a Jesus, o Salvador,
Igual honra tributemos
Ao Espírito de Amor.
Nossos hinos cantaremos,
Chegue aos céus nosso louvor. Amém.

Orações dos Salmos

Como vos retribuirei, Senhor, todo o bem que me fazeis? Erguerei o cálice da salvação invocando o vosso nome, Senhor. Sois vós o pastor que me conduzis: nada me falta.

Ensinai-me os caminhos mais seguros por amor de vosso nome. Preparai uma mesa para mim, apesar dos meus pecados. Fazei-me viver a ventura da graça cada dia da vida.

Os meus olhos em vós esperam para que me deis o alimento da vida, porque basta abrirdes as mãos para saciardes a todos com amor.

Vós, Senhor, sois justo em todos os vossos caminhos, e vossas obras são cheias de amor. Vós estais próximo dos que vos invocam, daqueles que vos invocam com sinceridade. Em vós espero com toda a confiança. Inclinai-vos para mim e ouvi minha oração.

Quero cantar o vosso amor com alegria, e minha vida será um sacrifício de ação de graças.

Glória ao Pai, ao Filho e ao Espírito Santo. Como era no princípio, agora e sempre. Amém.

Palavra do Senhor

Primeira carta de São Paulo apóstolo aos Coríntios (10,16-17):

Irmãos, o cálice de bênção que benzemos não é ele a comunhão do sangue de Cristo? E o pão que partimos não é ele a comunhão do corpo de Cristo? Porque somos um só pão e um só corpo apesar de muitos, pois todos participamos desse único pão.

Oração de Comunhão Espiritual

Senhor Jesus, creio que permaneceis em nosso meio até o fim dos séculos. Creio em vosso amor, que não cessa de multiplicar os sinais de vossa presença, para que possamos viver sempre unidos convosco. Senhor, tende piedade de minha cegueira diante de vosso amor. Abri os meus olhos e aumentai a minha fé. Fazei-me permanecer em vós, como vós permaneceis em mim. Quero estar junto convosco todas as horas do dia, testemunhando a vossa Mensagem e construindo o vosso Reino de paz.

Não permitais que me falte este Pão da Vida e ajudai-me a viver sempre em fraternidade com todos os irmãos. Dai-me forças para viver o amor que brota da vossa Eucaristia: convosco quero consagrar também o meu corpo e até derramar o meu sangue, para que haja perdão e unidade no meio dos homens. Fazei-me, Senhor, transformar em vida de profundo amor cada Eucaristia celebrada e cada comunhão participada.

Ficai comigo, Senhor, para que convosco, por vós e em vós a minha vida se encha do Espírito Santo e seja uma oferta de honra e glória ao Pai. Convosco quero viver, por vós desejo morrer, convosco espero ressuscitar para todo o sempre. Amém.

Alma de Cristo

Alma de Cristo, santificai-me. Corpo de Cristo, salvai-me. Sangue de Cristo, inebriai-me. Água do lado de Cristo, lavai-me. Paixão de Cristo, confortai-me. Ó bom Jesus, ouvi-me. Dentro de vossas chagas escondei-me. Não permitais que me separe de vós. Do espírito maligno defendei-me. Na hora da morte chamai-me e mandai-me ir para vós, para que com vossos santos vos louve, por todos os séculos. Amém.

Intercessões

— Cristo, Filho do Deus vivo, mandastes que celebrássemos a Ceia eucarística em memória de vós; fazei que a nossa comunidade a celebre sempre com muita fé e amor.

— Cristo, nosso único Sacerdote junto do Pai, fazei que os nossos sacerdotes imitem em suas vidas o que celebram no sacramento.

— Cristo, Pão da Vida, aumentai a paz fraterna de todos aqueles que creem em vós e participam do mesmo Pão eucarístico.

— Cristo, que neste pão consagrado nos ofereceis o remédio da imortalidade, devolvei a saúde aos doentes e a esperança aos pecadores.

— Cristo, que na Celebração Eucarística nos fazeis anunciar a vossa Morte e Ressurreição, associai à vossa Ressurreição todos aqueles que morreram no vosso amor.

(Outras intenções)

Pai-nosso...

Oração Final

Senhor Jesus Cristo, neste admirável sacramento nos deixastes o memorial da vossa Morte e Ressurreição. Dai-nos venerar com tanto amor o mistério do vosso Corpo e do vosso Sangue, que possamos receber continuamente os frutos da vossa Redenção. Vós, que viveis e reinais para sempre. Amém.

(Quando não for possível fazer a visita a Jesus Sacramentado, pode-se fazer a comunhão espiritual longe da igreja, p. 32)

Ladainha do Sagrado Coração de Jesus

Senhor, tende piedade de nós!
Jesus Cristo, tende piedade de nós!
Senhor, tende piedade de nós!
Jesus Cristo, ouvi-nos!
Jesus Cristo, atendei-nos!
Deus Pai celestial,
— Tende piedade de nós!
Deus Filho, Redentor do mundo,
Deus Espírito Santo,

Santíssima Trindade, que sois um só Deus,
Coração de Jesus, Filho do Pai eterno,
Coração de Jesus, formado pelo Espírito Santo no seio da Virgem Mãe,
Coração de Jesus, unido substancialmente ao Verbo de Deus,
Coração de Jesus, de majestade infinita,
Coração de Jesus, templo santo de Deus,
Coração de Jesus, tabernáculo do Altíssimo,
Coração de Jesus, casa de Deus e porta do céu,
Coração de Jesus, fornalha ardente de caridade,
Coração de Jesus, receptáculo de justiça e de amor,
Coração de Jesus, cheio de bondade e de amor,
Coração de Jesus, abismo de todas as virtudes,
Coração de Jesus, digníssimo de todo o louvor,
Coração de Jesus, rei e centro de todos os corações,
Coração de Jesus, no qual se encerram todos os tesouros da sabedoria e ciência, Coração de Jesus, onde habita toda a plenitude da divindade,
Coração de Jesus, em que o Pai pôs toda a sua complacência,
Coração de Jesus, de cuja plenitude nós todos recebemos,

Coração de Jesus, desejo das colinas eternas,
Coração de Jesus, paciente e de muita misericórdia,
Coração de Jesus, rico para com todos que vos invocam,
Coração de Jesus, fonte de vida e de santidade, Coração de Jesus, propiciação pelos nossos pecados,
Coração de Jesus, saturado de todos os opróbrios,
Coração de Jesus, triturado de dor por causa de nossos crimes,
Coração de Jesus, feito obediente até à morte,
Coração de Jesus, traspassado pela lança,
Coração de Jesus, fonte de toda a consolação,
Coração de Jesus, nossa vida e ressurreição,
Coração de Jesus, nossa paz e reconciliação,
Coração de Jesus, vítima dos pecadores, Coração de Jesus, esperança dos que morrem em vós,
Coração de Jesus, delícia de todos os santos,
Cordeiro de Deus, que tirais o pecado do mundo, **perdoai-nos, Senhor!**
Cordeiro de Deus, que tirais o pecado do mundo, **ouvi-nos, Senhor!**

Cordeiro de Deus, que tirais o pecado do mundo, **tende piedade de nós!**

— Jesus, manso e humilde de coração,

— **Fazei o nosso coração semelhante ao vosso.**

OREMOS: Ó Deus onipotente e eterno, olhai para o coração de vosso Filho diletíssimo e para os louvores e as satisfações que vos oferece em nome dos pecadores, e, deixando-vos aplacar, perdoai aos que imploram a vossa misericórdia, em nome do mesmo vosso Filho Jesus Cristo, que vive e reina para sempre. Amém.

Consagração do gênero humano ao Sagrado Coração de Jesus

Dulcíssimo Jesus, Redentor do gênero humano, lançai os vossos olhares sobre nós, humildemente prostrados diante do vosso altar. Nós somos e queremos ser vossos; e, para que possamos viver mais intimamente unidos a vós, cada um de nós, neste dia, se consagra espontaneamente ao vosso Sacratíssimo Coração.

Muitos há que nunca vos conheceram, muitos desprezaram os vossos mandamentos e vos renegaram. Benigníssimo Jesus, tende piedade de uns e de outros e trazei-os todos ao vosso Sagrado Coração.

Senhor, sede o rei não somente dos fiéis que nunca de vós se afastaram, mas também dos filhos pródigos que vos abandonaram; fazei que estes tornem, quanto antes, à casa paterna, para não perecerem de miséria e de fome.

Sede o rei dos que vivem iludidos no erro, ou separados de vós pela discórdia; trazei-os ao porto da verdade e à unidade da fé, a fim de que, em breve, haja um só rebanho e um só pastor.

Senhor, conservai incólume a vossa Igreja e dai-lhe liberdade segura e sem peias; concedei ordem e paz a todos os povos; fazei que, de um a outro pólo do mundo, ressoe uma só voz: — Louvado seja o Coração divino, que nos trouxe a salvação! Honra e glória a ele por todos os séculos. Amém.

Consagração da família ao Sagrado Coração de Jesus

Coração Sagrado de Jesus, que manifestastes a Zaqueu e a Santa Margarida Maria o desejo de reinar sobre as famílias cristãs, queremos hoje proclamar aqui vossa realeza absoluta sobre a nossa família. Queremos viver doravante da vossa vida, queremos que floresçam no seio desta família aquelas virtudes a que prometestes já neste mundo a paz; queremos desterrar para longe de nós o espírito mundano que vós condenastes.

Dignai-vos, Coração divino, presidir às nossas reuniões, abençoar as nossas empresas espirituais e temporais, afastar de nós as angústias, santificar as nossas alegrias, aliviar as nossas penas e reinar sobre esta vossa família.

Senhor Jesus, nosso Redentor, olhai para nós. Somos vossos e vossos queremos ser; e, para que possamos nos unir mais intimamente convosco, cada um de nós se consagra espontaneamente a vosso Sagrado Coração.

Muitos jamais vos conheceram, muitos vos abandonaram, depois de haver desprezado os vossos mandamentos; tende misericórdia de todos, bom Jesus, e atraí-os para vosso Santíssimo Coração.

Reinai, Senhor, não somente sobre os fiéis que jamais se afastaram de vós, mas também sobre os filhos pródigos que vos abandonaram;

e fazei com que regressem à casa paterna, para que não pereçam de fome e de miséria.

Reinai sobre aqueles que são enganados pelas falsas doutrinas, ou se encontram divididos pela discórdia, e conduzi-os de volta ao porto da verdade e à unidade da fé, para que haja um único rebanho e um só Pastor.

Concedei à vossa Igreja, Senhor, total e completa liberdade; dai a paz às nações e fazei com que, em toda a terra, ressoe esta única voz: Louvado seja o divino Coração, por quem nos veio a salvação; dele sejam a glória e a honra, pelos séculos dos séculos.

E quando soar a hora da separação, quando a morte vier lançar no meio de nós o luto, nós todos, os que partem e os que ficam, seremos submissos a vossos eternos decretos. Consolar-nos-emos com o pensamento de que há de vir um dia em que toda a família, reunida no céu, possa cantar, para sempre, as vossas glórias e os vossos benefícios. Amém.

MINHA VIDA DE ORAÇÃO COM O ESPÍRITO SANTO

Vinde, Espírito Santo

Vinde, Espírito Santo, enchei os corações de vossos fiéis e acendei neles o fogo do vosso amor.

— Enviai o vosso Espírito e tudo será criado.

— E renovareis a face da terra.

— Deus, que instruístes os corações dos vossos fiéis com a luz do Espírito Santo, fazei que apreciemos retamente todas as coisas segundo o mesmo Espírito e gozemos sempre de sua consolação. Por Cristo, nosso Senhor.

— Amém.

Ao Divino Espírito Santo
("Sequência" de Pentecostes)

Vinde, ó Espírito Santo, e enviai-nos do céu um raio da vossa luz.

Vinde, Pai dos pobres, vinde, dispensador dos dons, vinde, luz dos corações.

Consolador magnífico, doce hóspede das almas, refrigério suavíssimo.

Descanso no trabalho, brisa no estio ardente, consolação na dor. Ó luz formosíssima, inundai os corações dos vossos fiéis.

Sem o vosso auxílio divino, nada há de puro no homem, pobre de todo o bem. Lavai o coração sórdido, regai a secura das almas, curai as nossas feridas.

Abrandai a dureza dos homens, aquecei os tíbios, dirigi os transviados. Concedei aos fiéis, que em vós confiam, vossos sete dons.

Dai-lhes o prêmio da virtude, conduzi-os ao porto da salvação, concedei-lhes o gozo eterno. Amém.

Oração ao Espírito Santo
(Paulo VI)

Ó Espírito Santo, dai-me um coração grande, aberto à vossa silenciosa e forte palavra inspiradora; fechado a todas as ambições mesquinhas; alheio a qualquer desprezível competição humana; compenetrado do sentido da Santa Igreja!

Um coração grande, desejoso de se tornar semelhante ao Coração do Senhor Jesus!

Um coração grande e forte para amar a todos, servir a todos, sofrer por todos!

Um coração grande e forte para superar todas as provações, todo o tédio, todo o cansaço, toda a desilusão, toda a ofensa!

Um coração grande e forte e constante até o sacrifício, quando for necessário!

Um coração, cuja felicidade é palpitar com o Coração de Cristo e cumprir humilde, fiel e virilmente a Vontade Divina. Amém.

Para pedir a inspiração do Espírito Santo

(Cardeal Verdier)

Ó Espírito Santo, Amor do Pai e do Filho, inspirai-me sempre o que devo pensar, o que devo dizer, como devo dizê-lo, o que devo calar, o que devo escrever, como devo agir, o que devo fazer para obter a vossa glória, o bem das almas e minha própria santificação! Amém.

MINHA VIDA DE ORAÇÃO COM NOSSA SENHORA

Ave-Maria

Ave, Maria, cheia de graça, o Senhor é convosco, bendita sois vós entre as mulheres e bendito é o fruto do vosso ventre, Jesus. Santa Maria, Mãe de Deus, rogai por nós, pecadores, agora e na hora da nossa morte. Amém.

Saudação angélica

(Esta oração pode ser rezada de manhã, ao meio-dia e à noite, conforme costume cristão.)

— O anjo do Senhor anunciou a Maria.
— E ela concebeu do Espírito Santo.
Ave, Maria...
— Eis aqui a serva do Senhor!

— Faça-se em mim segundo a vossa palavra.

Ave, Maria...

— E o Verbo de Deus se fez carne.

— E habitou entre nós.

Ave, Maria...

— Rogai por nós, Santa Mãe de Deus.

— Para que sejamos dignos das promessas de Cristo.

OREMOS: Senhor, nós vos pedimos: Derramai a vossa graça em nossos corações, para que nós, que conhecemos pela anunciação do anjo a encarnação do vosso Filho Jesus Cristo, cheguemos, por sua paixão, morte e ressurreição, à eterna salvação. Pelo mesmo Cristo, nosso Senhor.

— Amém.

Rainha do céu

(Durante o Tempo Pascal, em vez de Saudação Angélica, reza-se esta:)

— Rainha do céu, alegrai-vos! Aleluia!

— Porque quem merecestes trazer em

vosso puríssimo seio, aleluia! Ressuscitou, como disse, Aleluia! Rogai a Deus por nós, Aleluia!

— Exultai e alegrai-vos, ó Virgem Maria! Aleluia!

— Porque o Senhor ressuscitou verdadeiramente, aleluia!

— OREMOS: Ó Deus, que vos dignastes alegrar o mundo com a ressurreição de vosso Filho Jesus Cristo, Senhor nosso, concedei-nos, vos suplicamos, que por sua Mãe, a Virgem Maria, alcancemos a alegria da vida eterna. Por Cristo, nosso Senhor.

— Amém.

Salve, Rainha

Salve, Rainha, Mãe de misericórdia, vida, doçura e esperança nossa, salve. A vós bradamos, os degredados filhos de Eva. A vós suspiramos, gemendo e chorando neste vale de lágrimas. Eia, pois, Advogada nossa, esses vossos olhos misericordiosos a nós volvei, e, depois deste desterro, mostrai-nos Jesus, bendito fruto do vosso ventre. Ó clemente, ó piedosa, ó doce Virgem Maria.

Ladainha de Nossa Senhora

Senhor, tende piedade de nós!
Jesus Cristo, tende piedade de nós!
Senhor, tende piedade de nós!
Jesus Cristo, ouvi-nos!
Jesus Cristo, atendei-nos!
Deus Pai celestial,
— Tende piedade de nós!
Deus Filho, Redentor do mundo,
Deus Espírito Santo,
Santíssima Trindade, que sois um só Deus,
Santa Maria,
— Rogai por nós!
Santa Mãe de Deus,
Santa Virgem das virgens,
Mãe de Jesus Cristo,
Mãe da divina graça,
Mãe puríssima,
Mãe castíssima,
Mãe imaculada,
Mãe amável,

Mãe intacta,
Mãe admirável,
Mãe do Bom Conselho,
Mãe do perpétuo socorro,
Mãe do Criador,
Mãe do Salvador,
Virgem prudentíssima,
Virgem venerável,
Virgem louvável,
Virgem poderosa,
Virgem clemente,
Virgem fiel,
Espelho de justiça,
Sede de sabedoria,
Causa de nossa alegria,
Vaso espiritual,
Vaso honorífico,
Vaso insigne de devoção,
Rosa mística,
Torre de Davi,
Torre de marfim,
Casa de ouro,
Arca da aliança,
Porta do céu,
Estrela da manhã,

Saúde dos enfermos,
Refúgio dos pecadores,
Consoladora dos aflitos,
Auxílio dos cristãos,
Rainha dos anjos,
Rainha dos patriarcas,
Rainha dos profetas,
Rainha dos apóstolos,
Rainha dos mártires,
Rainha dos confessores,
Rainha das virgens,
Rainha de todos os santos,
Rainha concebida sem pecado,
Rainha assunta ao céu,
Rainha do santíssimo Rosário,
Rainha da paz.

— Cordeiro de Deus, que tirais o pecado do mundo,

— Perdoai-nos, Senhor!

— Cordeiro de Deus, que tirais o pecado do mundo,

— Ouvi-nos, Senhor!

— Cordeiro de Deus, que tirais o pecado do mundo,

— Tende piedade de nós!

— Rogai por nós, Santa Mãe de Deus,
— Para que sejamos dignos das promessas de Cristo.

OREMOS: Concedei a vossos servos, nós vos pedimos, Senhor nosso Deus, que gozemos sempre das saúde da alma e do corpo e, pela gloriosa intercessão da bem-aventurada sempre Virgem Maria, sejamos livres da tristeza presente e alcancemos a eterna glória. Por Cristo, nosso Senhor.
— Amém.

No mês de outubro

— Rogai por nós, Rainha do santíssimo Rosário,
— Para qeu sejamos dignos das promessas de Cristo.

OREMOS: Ó Deus, cujo Filho unigênito, pela sua vida, morte e ressurreição, nos alcançou os prêmios da vida eterna, concedei, nós vos imploramos, que, honrando nós estes mistérios pelo santísimo rosário da bem-aventurada Virgem Maria, imitemos o que contêm e obtenhamos o que prometem. Por Cristo, nosso Senhor.

— **Amém.**

Consagração pessoal a Nossa Senhora

Ó Senhora minha, ó minha Mãe, eu me ofereço todo a vós; e, em prova de minha devoção para convosco, eu vos consagro neste dia (nesta noite) os meus olhos, os meus ouvidos, a minha boca, o meu coração e inteiramente todo o meu ser. E, porque assim sou vosso, ó incomparável Mãe, guardai-me e defendei-me, como coisa e propriedade vossa. Amém.

À vossa proteção

À vossa proteção recorremos, ó Santa Mãe de Deus; não desprezeis as nossas súplicas, não nos abandoneis em nossas necessidades, mas livrai-nos sempre de todos os perigos, ó Virgem gloriosa e bendita. Amém.

Lembrai-vos

Lembrai-vos, ó piíssima Virgem Maria, que jamais se ouviu dizer que algum daqueles, que têm recorrido à vossa proteção, implorado o vosso auxílio e reclamado o vosso socorro, fosse por vós desamparado. Animado, pois, com igual confiança, a vós, Virgem das Virgens, como à Mãe recorro; a vós me acolho e, gemendo sob o peso dos meus pecados, me prostro aos vossos pés; não desprezeis as minhas súplicas, ó Mãe do Filho de Deus, mas antes as atendei e ouvi propícia. Amém.

Invocações a Nossa Senhora

(De manhã e à noite)

Pela vossa Imaculada Conceição, ó Maria, livrai-me neste dia (nesta noite) de todo pecado mortal!

Pela vossa Imaculada Conceição, ó Maria, fazei puro o meu corpo e santa a minha alma!

Ó Maria, concebida sem pecado, rogai por nós que recorremos a vós!

O Rosário

"A prática piedosa do Rosário é uma forma muito adaptada ao sentido do Povo de Deus, muito agradável à Mãe do Senhor e eficacíssima para obter as graças celestes" (Paulo VI).

Centenas de documentos de outros Papas recomendam também a reza do Rosário. É composto de três terços de cinco dezenas cada um. Cada dezena é acompanhada da meditação dos principais mistérios da nossa Redenção: mistérios gozosos ou da alegria; mistérios dolorosos ou da dor; mistérios gloriosos ou da glória.

O Papa João Paulo II sugeriu, na Carta Apostólica *Rosarium Virginis Mariae*, na qual se tem um maior esclarecimento e enriquecimento de sua bonita e profunda reflexão sobre a oração do Rosário, uma outra distribuição dos Mistérios nos dias da semana. Ele sugere que na quinta-feira sejam contemplados os Mistérios Luminosos, transferindo os mistérios gozosos para o sábado. Deixa claro, porém, que essa é sua sugestão, para que os mistérios da luz tenham um lugar definido.

O Rosário é oração bíblica, pois o seu fundamento está na Bíblia, principalmente nos Evangelhos. Jesus, nosso Salvador, é lembrado em cada mistério e em cada "Ave-Maria". É uma oração que muito agrada a Jesus e a Maria. Pode ser rezada a sós ou em família, em comunidade. "Família que reza unida permanece unida."

Orações iniciais

Em nome do Pai... *(p. 39)*

Creio em Deus Pai... *(p. 40)*

Vinde, Espírito Santo *(p. 83)*

Oferecimento:

Divino Jesus, eu vos ofereço este Terço que vou rezar, contemplando os mistérios da nossa Redenção. Concedei-me, por intercessão de Maria, vossa Mãe Santíssima, a quem me dirijo, as virtudes que me são necessárias para bem rezá-lo e a graça de ganhar as indulgências anexas a esta santa devoção.

(Faz-se a intenção do terço, lembrando especialmente as vocações sacerdotais.)

Orações finais

Agradecimento

Infinitas graças vos damos, Soberana Rainha, pelos benefícios que todos os dias recebemos de vossas mãos liberais. Dignai-vos, agora e sempre, tomar-nos debaixo do vosso poderoso amparo e, para mais vos obrigar, vos saudamos com uma "Salve-Rainha".

Salve-Rainha *(p. 89)*

Ladainha de Nossa Senhora *(p. 90)*

Antífona

À vossa proteção recorremos, Santa Mãe de Deus; não desprezeis as nossas súplicas em nossas necessidades, mas livrai-nos sempre de todos os perigos, ó Virgem gloriosa e bendita. Rogai por nós, Santa Mãe de Deus, para que sejamos dignos das promessas de Cristo.

Oração

Ó Deus, cujo Unigênito Filho nos mereceu, por sua vida, morte e ressurreição, as recompensas da eterna salvação, fazei, vo-lo suplicamos, com que, honrando estes mistérios do santíssimo rosário da Bem-aventurada Virgem Maria, imitemos o que encerram e obtenhamos o que prometem. Por Cristo, nosso Senhor. Amém.

Mistérios gozosos
(Alegrias de Nossa Senhora)

2ª, 5ª feira e sábado
Na 5ª feira, podem-se rezar também os Mistérios Luminosos

Primeiro Mistério

Anunciação do anjo à Virgem Maria

Gebhard Fugel

Leitura bíblica: *"O anjo Gabriel foi enviado por Deus a uma cidade da Galileia, chamada Nazaré, a uma jovem, noiva de um homem de nome José, da casa de Davi; a jovem chamava-se Maria"* (Lc 1,26-27).

Em cada mistério: Pai-nosso, 10 Ave-Marias, Glória ao Pai e a oração: Ó meu Jesus, perdoai-nos, livrai-nos do fogo do inferno, levai as almas todas para o céu e socorrei principalmente as que mais precisarem.

Segundo Mistério

Gebhard Fugel

Visitação de Maria à sua prima Isabel

Leitura bíblica: *"Naqueles dias, Maria partiu em viagem, indo às pressas para a região montanhosa, para uma cidade da Judeia. Entrou na casa de Zacarias e cumprimentou Isabel"* (Lc 1,39-40).

Terceiro Mistério

Nascimento de Jesus em Belém

Gebhard Fugel

Leitura bíblica: *"Enquanto estavam lá, completaram-se os dias da gestação. E Maria deu à luz seu filho primogênito; envolveu-o em faixas e o deitou num presépio, porque não havia lugar para eles na hospedaria"* (Lc 2,5-7).

Quarto Mistério

Apresentação de Jesus no Templo e purificação de Maria

Gustav Doré

Leitura bíblica: *"E quando completaram-se os dias para eles se purificarem, segundo a Lei de Moisés, levaram-no a Jerusalém, para apresentá-lo ao Senhor"* (Lc 2,22).

Quinto Mistério

Encontro de Jesus no Templo

Gustav Doré

Leitura bíblica: *"Passados os dias da festa, quando estavam voltando, ficou em Jerusalém o menino Jesus, sem que seus pais o notassem... E não o encontrando, voltaram a Jerusalém à sua procura. Depois de três dias o encontraram no Templo"* (Lc 2,43.45-46).

Orações finais *(p. 117)*

Mistérios dolorosos
(Dores de Jesus)

3ª e 6ª feira

Primeiro Mistério

Agonia de Jesus no horto

Leitura bíblica: *"Jesus foi então a um lugar chamado Getsêmani e disse aos discípulos: 'Sentem-se aqui, enquanto eu vou ali rezar. Levou consigo Pedro e os dois filhos de Zebedeu. Começou a ficar triste e cheio de angústia'"* (Mt 26,36-37).

Segundo Mistério

Flagelação de Jesus

Gebhard Fugel

Leitura bíblica: *"Pilatos então pegou Jesus e mandou flagelá-lo"* (Jo 19,1).

Terceiro Mistério

Jesus é coroado de espinhos

Gebhard Fugel

Leitura bíblica: *"Os soldados teceram uma coroa de espinhos e puseram-na sobre sua cabeça e cobriram-no com um manto de púrpura"* (Jo 19,2).

Quarto Mistério

Gebhard Fugel

Jesus carregando a cruz

Leitura bíblica: *"E, carregando ele próprio a sua cruz, saiu em direção do lugar chamado Calvário, em hebraico Gólgota"* (Jo 19,17).

Quinto Mistério

Gebhard Fugel

Crucificação e morte de Jesus

Leitura bíblica: *"Ali o crucificaram, e com ele outros dois, um de cada lado, e Jesus no meio* (Jo 19,18). *Havendo Jesus tomado o vinagre, disse: 'Tudo está consumado'. Inclinou a cabeça e entregou o espírito"* (Jo 19,30).

Orações finais *(p. 117)*

Mistérios gloriosos
(Glória de Jesus e de Maria)
4ª feira e domingo

Primeiro Mistério

Ressurreição de Jesus

Gebhard Fugel

Leitura bíblica: *"Sei que estão procurando Jesus, o crucificado. Não está aqui! Ressuscitou como tinha dito!"* (Mt 28,5-6)

Segundo Mistério

Ascensão de Jesus ao céu

Gebhard Fugel

Leitura bíblica: *"Depois levou-os até perto de Betânia e, erguendo as mãos, abençoou-os. E enquanto os abençoava, separou-se deles e foi elevado ao céu"* (Lc 24,50-51).

Terceiro Mistério

Gebhard Fugel

Vinda do Espírito Santo

Leitura bíblica: *"Todos ficaram cheios do Espírito Santo e começaram a falar em outras línguas, conforme o Espírito lhes concedia se expressar"* (At 2,4).

Quarto Mistério

Gebhard Fugel

Assunção de Maria ao céu

Leitura bíblica: *"Disse então Maria: 'Minha alma engrandece o Senhor, e meu espírito se alegra em Deus, meu Salvador'"* (Lc 1,46-47).

Quinto Mistério

Coroação de Nossa Senhora no céu

El Greco

Leitura bíblica: *E Maria disse: "Daqui em diante todas as gerações dirão que sou feliz!"* (Lc 1,48).

Orações finais *(p. 117)*

Mistérios luminosos (Vida pública de Jesus)

5ª feira

Primeiro Mistério

Batismo de Jesus no rio Jordão

Gebhard Fugel

Leitura bíblica: *"Este é meu Filho amado, de quem eu me agrado"* (Mt 3,17)

Segundo Mistério

Primeiro sinal de Jesus em Caná da Galileia: a transformação da água em vinho

Gebhard Fugel

Leitura bíblica: *"Fazei tudo o que ele vos disser!"* (Jo 2,5).

Terceiro Mistério

Jesus proclama o Reino e convida à conversão

Gebhard Fugel

Leitura bíblica: *"Completou-se o tempo... Convertei-vos e credes no Evangelho"* (Mc 1,15).

Quarto Mistério

Transfiguração de Jesus diante dos díscipulos, no monte Tabor

Gebhard Fugel

Leitura bíblica: *"Transfigurou-se diante deles: o seu rosto resplandeceu como o sol"* (Mt 17,2).

Quinto Mistério

Na quinta-feira santa, Jesus instituiu a Sagrada Eucaristia

Gebhard Fugel

Leitura bíblica: *"Tomai, isto é meu corpo. Depois tomou um cálice, deu graças e passou--o a eles, e todos beberam"* (Mc 14,23).

Orações finais *(p. 117)*

Meditação das Dores de Maria Santíssima

Canto de Entrada

Antífona

— Recordando as dores da gloriosa Virgem,

— Adoremos o Senhor, que por nós morreu e ressuscitou!

Primeira dor

Gebhard Fugel

Leitor: A profecia de Simeão. A primeira dor da Santíssima Virgem Maria foi quando apresentou seu Filho no Templo e ouviu da boca de Simeão a profecia: "Também uma espada de dor transpassará a tua alma". Essas palavras se referiam à paixão e morte do seu Filho.

Leitura bíblica: (Lc 2,22-35)

Comentários e reflexões

Gustav Doré

Segunda dor

Leitor: A fuga para o Egito. A segunda dor da Santíssima Virgem Maria foi quando se viu obrigada a fugir para o Egito, a fim de escapar à perseguição do cruel Herodes, que impaciente procurava matar o seu amado Filho.

Leitura bíblica: (Mt 2,13-15)

Comentários e reflexões

Gustav Doré

Terceira dor

Leitor: A perda do Menino Jesus. A terceira dor da Santíssima Virgem foi quando no tempo da Páscoa, depois de ter estado com seu esposo São José e com seu Jesus em Jerusalém, ao iniciar a viagem de volta, percebeu que Jesus não estava entre a comitiva. E por três dias contínuos chorou a perda de seu único Filho, que estava com 12 anos.

Leitura bíblica: (Lc 2,41-52)

Comentários e reflexões

Quarta dor

Gebhard Fugel

Leitor: O encontro de Maria com Jesus, no caminho do Calvário. A quarta dor foi quando a Santíssima Virgem se encontrou com seu amado Filho, no caminho do Calvário. Ele levava sobre os ombros a pesada cruz, na qual ia ser crucificado pela nossa salvação.

Leitura bíblica: (Jo 19,16-18)

Comentários e reflexões

Quinta dor

Gebhard Fugel

Leitor: A morte de Jesus. A quinta dor da Santíssima Virgem foi quando viu seu adorado Filho morrer pregado na cruz, derramando o seu preciosíssimo sangue por todas as partes do corpo.

Leitura bíblica: (Jo 19,28-30)

Comentários e reflexões

Sexta dor

Gebhard Fugel

Leitor: A descida da Cruz. A sexta dor da Santíssima Virgem foi quando seu amado Filho, tendo o peito transpassado por uma lança, foi descido da cruz e depositado em seus braços.

Leitura bíblica: (Jo 19,38-39)

Comentários e reflexões

Sétima dor

Gustav Doré

Leitor: A sétima e última dor da Santíssima Virgem foi quando colocaram o corpo de Jesus no sepulcro e o fecharam com a pedra.

Leitura bíblica: (Jo 19,40-2)

Comentários e reflexões

Conclusão

— Rogai por nós, Virgem dolorosíssima!
— Para que sejamos dignos das promessas de Cristo.

OREMOS: Ó Deus, quando o vosso Filho foi exaltado, quisestes que sua Mãe estivesse de pé, junto à cruz, sofrendo com ele. Dai à vossa Igreja, unida a Maria na paixão de Cristo, participar da ressurreição do Senhor. Por Cristo, nosso Senhor.
— Amém.

Novena a Nossa Senhora Aparecida

— Em nome do Pai e do Filho e do Espírito Santo.

— Amém.

— Vinde, Espírito Santo... *(p. 83)*

Oração preparatória

(Todos os dias)

Virgem puríssima, concebida sem pecado, que desde o primeiro instante fostes cheia de graça, Mãe de meu Deus, Rainha dos anjos e dos homens, eu vos saúdo como Mãe do meu Salvador. Dignai-vos receber as honras e a veneração que nesta novena vos consagro. Vós sois o abrigo seguro dos pecadores penitentes, e assim tenho razão de recorrer a vós.

Sois a Mãe de misericórdia; por isso vos peço: socorrei-me em minhas misérias. Sois, depois de Jesus Cristo, toda a minha esperança; reconhecei, pois, a terna confiança que tenho em vós.

Fazei-me digno de chamar-me vosso filho, para que possa confiadamente dizer-vos: mostrai que sois minha Mãe!

Orações finais
(Todos os dias)

Invocação

Senhora Aparecida,
Poderosa Padroeira,
Sede nosso guia
Nesta mortal carreira!
Ó Virgem Aparecida,
Fiel e seguro norte,
Alcançai-nos graça na vida,
Favorecei-nos na morte!

Ladainha de Nossa Senhora *(p. 90)*

Hino

Toda formosa sois, ó Maria,
E a mácula original não existe em vós!
Vós sois a glória de Jerusalém!

Vós, a alegria de Israel!
Vós, a honra do nosso povo!
Vós, a advogada dos pecadores!
Ó Maria! Ó Maria!
Virgem prudentíssima,
Mãe clementíssima,
Rogai por nós!
Intercedei por nós perante nosso Senhor Jesus Cristo!

— Um grande sinal apareceu no céu.

— Uma mulher revestida pelo sol, tendo a lua a seus pés.

OREMOS: Senhor nosso Deus, pela Mãe Imaculada do vosso Unigênito Filho, multiplicais em nós, vossos filhos, os dons da vossa graça. Concedei-nos propício que, celebrando na terra os louvores da mesma Virgem, mereçamos, por sua intercessão materna, conseguir o prêmio do céu. Por Cristo, nosso Senhor. Amém.

Primeiro dia

Eis-me aqui, aos vossos pés, ó Virgem Imaculada, convosco me alegro sumamente, porque, desde a eternidade, fostes eleita MÃE do VERBO ETERNO e preservada da culpa original.

Eu bendigo e dou graças à Santíssima Trindade que vos enriqueceu com esse privilégio em vossa Conceição.

Alcançai-me a graça de vencer as consequências do pecado.

Ó Senhora, fazei que nunca deixe de amar ao meu Deus.

Segundo dia

Ó Maria, modelo de consagração, eu me congratulo convosco, porque desde o primeiro instante da vossa Conceição fostes cheia de graça. Bendigo e adoro a Santíssima Trindade que vos concedeu tão sublime dom.

Vós, que de graça celeste fostes tão abundantemente enriquecida, reparti comigo e fazei-me participante dos tesouros que adquiristes em vossa Imaculada Conceição.

Terceiro dia

Ó Maria, pela vossa Imaculada Conceição esmagastes a cabeça da serpente inimiga. Dou graças e louvo à Santíssima Trindade, que tal privilégio vos concedeu, e vos suplico que me alcanceis forças para superar todas as ciladas e traições do demônio.

Ó Senhora, ajudai-me sempre e fazei que, com vossa proteção, sempre vença o mal e chegue à salvação.

Quarto dia

Ó Maria, Virgem Imaculada, eu me alegro convosco porque recebestes as mais sublimes virtudes e todos os dons do Espírito Santo. Dou graças à Santíssima Trindade que vos enriqueceu com a plenitude de todas as graças.

Suplico-vos, ó bondosa Mãe, que me alcanceis a prática das virtudes e me façais também digno de receber os dons e as graças do Espírito Santo.

Quinto dia

Ó Maria, o mistério da vossa Imaculada Conceição foi o princípio da salvação de todo o mundo. Agradeço e bendigo à Santíssima Trindade que assim engrandeceu e glorificou vossa pessoa.

Peço-vos que me alcanceis a graça de saber aderir à paixão e morte do vosso Filho Jesus, e que todo o amor a mim demonstrado na cruz seja de proveito para a minha vida e santificação.

Sexto dia

Ó Maria Imaculada, Rainha dos anjos e dos homens, pela fé no Senhor assumistes o plano de salvação de vosso Deus e Pai. Fazei que compreendamos mais plenamente a vontade de Deus, que quer salvar a todos e levar-nos ao conhecimento da verdade. Agradecido, louvo a Santíssima Trindade que vos escolheu para tão grandiosa missão.

Fazei, ó Maria, que tenhamos abertura de espírito, para poder distinguir a vontade do Pai; e, terminada a nossa missão neste mundo, tenhamos a alegria de participar, em companhia dos anjos e santos, do Reino da glória.

Sétimo dia

Ó Maria, Virgem e Mãe puríssima, fostes sempre isenta e preservada de todo pecado. Dou graças ao Pai que, em previsão dos méritos do Filho Jesus Cristo, vos concedeu tão grande privilégio e, pelo Espírito Santo, realizou em vós a maravilhosa encarnação do Verbo.

Bendizendo a Deus, peço-vos que me alcanceis a graça divina, a disposição para o bem e a fortaleza contra o mal e o pecado.

Oitavo dia

Ó Maria, Senhora e Mãe dos homens, em toda a vossa vida tivestes sempre o coração aberto para o bem e a caridade. Abrasai o meu coração de um imenso amor pela salvação da humanidade e fazei que eu tenha sempre diante dos olhos o ideal de perfeição cristã, para que, correspondendo à vocação e aos planos divinos, possa realizar em minha vida, para edificação do Reino de Cristo, o testemunho autêntico do homem justo e santo.

Nono dia

Ó Maria, Mãe da Igreja, modelo perfeito da Igreja realizada em plenitude, velai pela comunidade reunida em nome do vosso Filho e fazei de todos os cristãos instrumentos da paz no mundo.

Que o nosso testemunho seja oportunidade de conversão para aqueles que ainda não encontraram a Verdade do Evangelho.

Bendigo e louvo a Santíssima Trindade que colocou em vosso coração a luz da graça e o amor ardente que vos elevaram a tão alta santidade.

Que o vosso exemplo ilumine o nosso caminho, para que todos, na Igreja, possamos chegar à glória da eternidade.

Consagração a Nossa Senhora Aparecida

Ó Maria Santíssima, pelos méritos de Nosso Senhor Jesus Cristo, em vossa querida imagem de Aparecida, espalhais inúmeros benefícios sobre todo o Brasil.

Eu, embora indigno de pertencer ao número de vossos filhos e filhas, mas cheio do desejo de participar dos benefícios de vossa misericórdia, prostrado a vossos pés: consagro-vos o meu entendimento, para que sempre pense no amor que mereceis; consagro-vos a minha língua, para que sempre vos louve e propague a vossa devoção; consagro-vos o meu coração, para que, depois de Deus, vos ame sobre todas as coisas.

Recebei-me, ó Rainha incomparável, vós que o Cristo crucificado deu-nos por Mãe, no ditoso número de vossos filhos e filhas; acolhei-me debaixo de vossa proteção; socorrei-me em todas as minhas necessidades, espirituais e temporais, sobretudo na hora de minha morte.

Abençoai-me, ó celestial cooperadora, e com vossa poderosa intercessão, fortalecei-me em minha fraqueza, a fim de que, servindo-vos fielmente nesta vida, possa louvar-vos, amar-vos e dar-vos graças no céu, por toda a eternidade.

Assim seja!

Renovação da Consagração a Nossa Senhora Aparecida

Senhora Aparecida, eu renovo, neste momento, a minha consagração. Eu vos consagro os meus trabalhos, sofrimentos e alegrias, o meu corpo, a minha alma e toda a minha vida. Eu vos consagro a minha família.

Ó Senhora Aparecida, livrai-nos de todo o mal, das doenças e do pecado. Abençoai as nossas famílias, os doentes, as criancinhas. Abençoai a santa Igreja, o Papa e os bispos, os sacerdotes e ministros, religiosos e leigos. Abençoai a nossa paróquia, o nosso pároco.

Senhora Aparecida, lembrai-vos que sois a Padroeira poderosa da nossa Pátria. Abençoai o nosso governo. Abençoai, protegei, salvai o vosso Brasil! E dai-nos a vossa bênção.

Oração a Nossa Senhora Aparecida

Ó incomparável Senhora da Conceição Aparecida, Mãe de meu Deus, Rainha dos Anjos, Advogada dos pecadores, Refúgio e Consolação dos aflitos e atribulados, ó Virgem Santíssima, cheia de poder e bondade, lançai sobre nós um olhar favorável, para que sejamos socorridos em todas as necessidades. Lembrai-vos, clementíssima Mãe Aparecida, que não consta que, de todos os que têm a vós recorrido, invocado vosso santíssimo nome e implorado vossa singular proteção, fosse por vós algum abandonado. Animado com esta confiança a vós recorro: tomo-vos de hoje para sempre por minha Mãe, minha protetora, minha consolação e guia, minha esperança e minha luz na hora da morte. Assim pois, Senhora, livrai-me de tudo o que possa ofender-vos e a vosso Filho, meu Redentor e Senhor Jesus Cristo.

Virgem bendita, intercedei a Deus por nós e livrai-nos da peste, fome, guerra, raios, tempestades e outros perigos e males que nos possam flagelar. Soberana Senhora, dignai-vos dirigir-nos em todos os negócios espirituais e temporais; livrai-nos da tentação do demônio, para que, trilhando o caminho da virtude, pelos merecimentos da vossa puríssima Virgindade e do preciosíssimo sangue de vosso Filho, vos possamos ver, amar e gozar na eterna glória, pelos séculos dos séculos. Amém.

Invocações a Nossa Senhora Aparecida

Senhora Aparecida, o Brasil é vosso!
Rainha do Brasil, abençoai a nossa gente!
Tende compaixão do vosso povo!
Socorrei os pobres!
Consolai os aflitos!
Iluminai os que não têm fé!
Convertei os pecadores!
Curai os nossos enfermos!
Protegei as criancinhas!
Lembrai-vos dos nossos parentes e benfeitores!
Guiai a mocidade!
Guardai nossas famílias!
Visitai os encarcerados!
Norteai os navegantes!

Ajudai os operários!
Orientai o nosso clero!
Assisti os nossos bispos!
Conservai o Santo Padre!
Defendei a Santa Igreja!
Esclarecei o nosso Governo!
Ouvi os que estão presentes!
Não vos esqueçais dos ausentes!
Paz ao nosso povo!
Tranquilidade para a nossa terra!
Prosperidade para o Brasil!
Salvação para a nossa Pátria!
Senhora Aparecida, o Brasil vos ama, o Brasil em vós confia!
Senhora Aparecida, o Brasil tudo espera de vós!
Senhora Aparecida, o Brasil vos aclama!
Salve, Rainha!

Oração à Santíssima Virgem

(Santo Afonso de Ligório)

Santíssima Virgem Imaculada, Maria, minha Mãe, a vós, que sois a Mãe do meu Senhor, a Rainha do mundo, a advogada, a esperança e o refúgio dos pecadores, recorro hoje eu, que sou o mais miserável de todos. Aos vossos pés me prostro, ó grande Rainha, e vos dou graças por todos os benefícios que até agora me tendes feito, especialmente por me haverdes livrado do inferno, por mim tantas vezes merecido.

Eu vos amo, Senhora amabilíssima e, pelo amor que vos tenho, prometo servir-vos sempre e fazer quanto possa para que de todos sejais servida. Em vós, depois de Jesus, ponho todas as minhas esperanças, toda a minha salvação. Aceitai-me por vosso servo e acolhei-me debaixo do vosso manto, ó Mãe de misericórdia! E, já que sois tão poderosa para com Deus, livrai-me de todas as tentações, ou impetrai-me forças para vencê-las até à morte. A vós suplico o verdadeiro amor a Jesus Cristo. De vós espero alcançar uma boa morte.

Minha Mãe, pelo amor que tendes a Deus, vos rogo me ajudeis sempre, mormente no último instante de minha vida. Não me desampareis enquanto não me virdes já salvo no céu, a bendizer-vos e a cantar as vossas misericórdias, por toda a eternidade. Assim espero. Assim seja.

Oração à Santíssima Virgem para obter uma boa morte

Ó Maria, concebida sem pecado, rogai por nós que recorremos a vós. Ó Refúgio dos pecadores, Mãe dos agonizantes, não nos desampareis na hora da nossa morte, mas alcançai-nos um sincero arrependimento de nossos pecados, uma grande esperança na misericórdia divina e uma digna recepção do santo Viático, para que possamos, seguros, apresentar-nos ante o trono do justo, mas também misericordioso Juiz, Deus e Redentor nosso. Amém.

Oração a Nossa Senhora do Perpétuo Socorro

(José Dutra)

Ó Maria Santíssima, em vosso grande amor para conosco e no imenso desejo de oferecer-nos vossa proteção e dispensar-nos vossas misericórdias, quisestes apresentar-vos a nós com o sugestivo nome de Senhora do Perpétuo Socorro.

Sim, ó Mãe amorosíssima, sabeis que precisamos da vossa constante ajuda, porque perpétuas são as nossas necessidades.

Por isso, encorajado pelo vosso amor e cheio de filial confiança, coloco-me sob vossa especial proteção e vos consagro a minha vida.

Socorrei-me, ó Maria, em todas as minhas necessidades, espirituais e temporais, mas sobretudo na hora de minha morte. E alcançai-me do vosso Filho Jesus a salvação e a felicidade eterna. Amém.

Ó Maria, Mãe do Perpétuo Socorro, rogai por nós!

Oração à Santíssima Virgem, Estrela da Nova Evangelização

(Papa Francisco)

Virgem e Mãe Maria, vós que, movida pelo Espírito, acolhestes o Verbo da vida na profundidade da vossa fé humilde, totalmente entregue ao Eterno, ajudai-nos a dizer o nosso "sim" perante a urgência, mais imperiosa do que nunca, de fazer ressoar a Boa Nova de Jesus. Vós, cheia da presença de Cristo, levastes a alegria a João, o Batista, fazendo-o exultar no seio de sua mãe. Vós, estremecendo de alegria, cantastes as maravilhas do Senhor. Vós, que permanecestes firme diante da Cruz com uma fé inabalável, e recebestes a jubilosa consolação da ressurreição, reunistes os discípulos à espera do Espírito para que nascesse a Igreja evangelizadora. Alcançai-nos agora um novo ardor de ressuscitados para levar a todos o Evangelho da vida que vence a morte. Dai-nos a santa ousadia de buscar novos caminhos para que chegue a todos o dom da beleza que não se apaga. Vós, Virgem da escuta e da contemplação, Mãe do amor, esposa das núpcias eternas, intercedei pela Igreja, da qual sois o ícone puríssimo, para que ela nunca se feche nem se detenha na sua paixão por instaurar o Reino. Estrela da nova evangelização, ajudai-nos a refulgir com o testemunho da comunhão, do serviço, da fé ardente e generosa, da justiça e do amor aos pobres, para que a alegria do Evangelho chegue até aos confins da terra e nenhuma periferia fique privada da sua luz. Mãe do Evangelho vivente, manancial de alegria para os pequeninos, rogai por nós. Amém. Aleluia!

MINHA VIDA DE ORAÇÃO COM OS ANJOS E SANTOS

Estas fórmulas aqui apresentadas são sugestões. Lembramos, no entanto, que, com nossas próprias palavras e de acordo com nossas necessidades, podemos fazer qualquer oração aos santos de nossa devoção.

Aos Santos Arcanjos Miguel, Gabriel e Rafael

São Miguel, glorioso defensor do Povo de Deus, eu vos invoco para que me livreis de toda a adversidade e de todo o pecado, e me ajudeis a progredir no serviço de Deus pelo cumprimento de meus deveres, alcançando-me a graça da perseverança final. Amém.

São Gabriel, glorioso enviado do Senhor para anunciar a Maria sua escolha para Mãe de Jesus, eu vos peço que me ajudeis a compreender e a aceitar a santa vontade de Deus a meu respeito, e que eu seja forte na luta contra meus impulsos desordenados. Amém.

São Rafael, vosso nome diz que sois a Medicina de Deus. Por isso eu vos invoco com o desejo de ser curado de toda a cegueira e de todas as enfermidades do espírito, de tal modo que tenha a mente e o coração abertos para as maravilhas do Senhor. Amém.

Com todos os Anjos, presença viva do Amor Providente de Deus, eu quero cantar as glórias do Pai e do Filho e do Espírito Santo. Uno minha voz ao coro celeste para proclamar: "Santo, Santo, Santo, Senhor, Deus do universo! O céu e a terra proclamam a vossa glória. Hosana nas alturas! Bendito o que vem em nome do Senhor! Hosana nas alturas!"

Ao Anjo da Guarda (I)

Ó Santo Anjo de minha guarda, a cuja proteção com admirável providência me encomendou o Altíssimo, desde o primeiro instante da minha vida, dou-vos graças pelos cuidados que tivestes de mim, por me haverdes livrado dos perigos espirituais e corporais. A vós me recomendo de novo, ó meu glorioso protetor. Defendei-me dos perigos e ajudai-me com as vossas santas inspirações, para que, sendo fiel a elas, consiga viver santamente neste mundo e gozar depois da vossa companhia na pátria celestial. Amém.

Ao Anjo da Guarda (II)

Santo Anjo do Senhor,
meu zeloso guardador,
se a ti me confiou
a Piedade divina,
sempre me rege, guarda,
governa e ilumina! Amém.

Ladainha de Todos os Santos

Senhor, tende piedade de nós!
Cristo, tende piedade de nós!
Senhor, tende piedade de nós!
Santa Maria, Mãe de Deus,
— **Rogai por nós!**
São Miguel,
Santos Anjos de Deus,

São João Batista,
São José,
São Pedro e São Paulo,
Santo André,
São João,
Santa Maria Madalena,
Santo Estêvão,
Santo Inácio de Antioquia,
São Lourenço,
Santas Perpétua e Felicidade,
Santa Inês,
São Gregório,
Santo Agostinho,
Santo Atanásio,
São Basílio,
São Martinho,
São Bento,
São Francisco e São Domingos,
São Francisco Xavier,
São João Maria Vianney,
Santa Catarina de Sena,
Santa Teresa de Jesus,
Todos os Santos e Santas de Deus,
Sede-nos propício,
— Ouvi-nos, Senhor!

Para que nos livreis de todo mal,
Para que nos livreis de todo pecado,
Para que nos livreis da morte eterna,
Pela vossa encarnação,
Pela vossa morte e ressurreição,
Pela efusão do Espírito Santo,
Apesar de nossos pecados,
Jesus, Filho do Deus vivo,
Cristo, ouvi-nos!
— Cristo, ouvi-nos!
Cristo, atendei-nos!
— Cristo, atendei-nos!
Cordeiro de Deus, que tirais o pecado do mundo,
— Perdoai-nos, Senhor!
Cordeiro de Deus, que tirais o pecado do mundo,
— Ouvi-nos, Senhor!
Cordeiro de Deus, que tirais o pecado do mundo,
— Tende piedade de nós!

Oração

(Esta ou outra semelhante)

Senhor, Deus eterno e todo-poderoso, nós vos bendizemos e glorificamos em todos os vossos santos, sob cuja proteção nos colocamos. Concedei-nos, por sua intercessão, a graça de vos servir nesta vida, cumprindo os vossos mandamentos; e, terminada a nossa peregrinação terrena, possamos ser recebidos entre os vossos eleitos, para vos amar e louvar por toda a eternidade.

— **Amém.**

Oração dos Trabalhadores a São José

Glorioso São José, modelo de todos os que se dedicam ao trabalho, obtende-nos do Criador do universo a graça de trabalhar com consciência, cumprindo com fidelidade nossos deveres; de trabalhar com reconhecimento e alegria, julgando uma honra empregar e desenvolver, pelo trabalho, as qualidades recebidas de Deus como um chamado divino para colaborar na obra da criação e aperfeiçoamento deste mundo; de trabalhar com ordem, paz, moderação, paciência e eficiência, sem nunca recuar perante o cansaço e as dificuldades; de trabalhar em espírito de penitência para expiar nossos pecados; de trabalhar sobretudo com desapego e com dedicação pelos que dependem do nosso esforço.

Pedimos vossa intercessão pelo mundo do trabalho: que aí reine o espírito cristão de justiça e de paz, conforme os ensinamentos da Igreja; que os trabalhadores se unam em organizações que defendam seus direitos e respeitem os alheios; que patrões e empregados se tratem mutuamente como irmãos e filhos do mesmo Pai; que se convertam os que ignoram a dignidade da pessoa humana e exploram o operário e o pobre.

Convosco, São José, agradecemos a Deus a saúde, a força, a disposição e as habilidades que nos permitem providenciar o sustento de nossos familiares e ser membros úteis da sociedade. Tudo para Jesus, tudo por Maria, tudo à vossa imitação, ó Patriarca São José! Tal será nossa inspiração na vida e na morte. Amém.

Oração a São José pelo povo de Deus

A vós, São José, recorremos em nossas necessidades e, depois de ter implorado o auxílio de vossa santíssima esposa, cheios de confiança solicitamos também o vosso patrocínio. Por esse laço sagrado de amor, que vos uniu à Virgem Imaculada, Mãe de Deus, pelo amor paternal que tivestes a Jesus, ardentemente vos suplicamos que lanceis um olhar benigno sobre o povo, que é a herança que Jesus Cristo conquistou com seu sangue, e nos socorrais com o vosso auxílio e intercessão junto de Deus.

Protegei, ó guarda providente da divina Família, o povo eleito de Jesus Cristo. Afastai para longe de nós, ó pai amantíssimo, o erro e o vício. Assisti-nos do alto do céu, ó nosso fortíssimo sustentáculo, na luta contra o poder das trevas e, assim como salvastes da morte a vida ameaçada do Menino Jesus, defendei também agora a santa Igreja de Deus das ciladas dos seus inimigos e de toda a adversidade. Amparai a cada um de nós com vosso constante patrocínio, a fim de que, a vosso exemplo e sustentados com vosso auxílio, possamos viver virtuosamente, morrer piedosamente e obter no céu a eterna bem-aventurança. Amém.

A São João Batista

Ó glorioso São João Batista, profeta e precursor do Altíssimo, primogênito da graça de Jesus e da intercessão de sua santa Mãe, grande diante do Senhor, pelo dons de que fostes enriquecido desde o seio materno e pela fidelidade no cumprimento da missão recebida de Deus, ajudai-me a acolher a Boa Nova que anunciastes. Quero fazer de minha existência uma realização da justiça, do amor, da penitência e da pureza que proclamastes. Alcançai-me a graça de pertencer inteiramente ao Reino por vós prenunciado e que está presente entre nós, desde o nascimento de Jesus. Alcançai-me também, meu santo protetor, singular devoção à Virgem Maria que, levada pela caridade e pelo desejo de ajudar, foi com pressa à casa de vossa mãe, Santa Isabel, para serdes abençoado com os dons do Espírito Santo. Estou certo que, com estas graças e amando até à morte a Jesus e a Maria, salvar-me-ei e, no céu, convosco e com todos os anjos e santos, amarei e louvarei a Jesus e a Maria, entre delícias e gozos eternos. Amém.

Aos apóstolos São Pedro e São Paulo

Ó glorioso São Pedro, sois o príncipe dos apóstolos, a pedra sobre a qual Deus edificou sua Igreja, aquele a quem o Senhor Jesus confiou a missão de apascentar os cordeiros e as ovelhas de seu rebanho. Tomando-vos por modelo, quero proclamar sempre o meu amor a Jesus, o Cristo, Filho de Deus. De vossa poderosa intercessão junto a Deus espero a graça da fidelidade absoluta à Igreja e ao Santo Padre, o Papa, vosso sucessor. Viva eu e morra como devoto vosso e filho amoroso e obediente da Santa Igreja Católica, Apostólica e Romana.

São Paulo, servo de Cristo Jesus, chamado para ser apóstolo, escolhido para anunciar o Evangelho de Deus aos pagãos, quero agora reafirmar o firme propósito de, a vosso exemplo, não permitir que nada me separe do amor de Jesus Cristo. Ouvindo vossos ensinamentos, reafirmo a fé em que aquele, que ressuscitou o Senhor Jesus, ressuscitará também a nós com Jesus e nos colocará ao lado dele, juntamente convosco.

Santos Apóstolos, eu vos peço por toda a Igreja: que ela seja, cada vez mais e melhor, um exemplo de fé, esperança e caridade para todos os povos; que sejam todos os homens iluminados pela luz que é Jesus Cristo, resplandecente na face da Igreja, para a glória da Santíssima Trindade. Amém.

A São Joaquim e a Sant'Ana

São Joaquim e Sant'Ana, alegro-me de todo o coração convosco pela vossa glória e por aquela honra única pela qual o Senhor vos escolheu para pais de Maria, a Mãe de Jesus. Rogai a Deus pelas famílias; que elas sejam na verdade uma comunidade de vida e de amor, a "Igreja doméstica", onde os esposos significam e participam do mistério de unidade, fidelidade e amor fecundo entre Cristo e a Igreja, ajudando-se na santificação mútua, na aceitação e educação dos filhos. Que os pais sejam para os filhos, pela palavra e pelo exemplo, os primeiros mestres da fé. Que os filhos respeitem, escutem e obedeçam aos pais, honrando-os por toda a vida. Que Deus seja sempre amado e louvado em todos os lares, como o foi no vosso! Amém.

A Santo Afonso de Ligório

(Doutor da Igreja Católica, Fundador da Congregação do Santíssimo Redentor e Padroeiro dos Confessores e Moralistas.)

Ó glorioso e muito amado Santo Afonso, vós, que tanto trabalhastes e sofrestes para assegurar aos homens o fruto da redenção, vede as necessidades da Igreja, hoje. Por vossa intercessão junto a Jesus, Santíssimo Redentor, obtende-nos uma centelha daquela caridade apostólica em que vosso coração sempre viveu inflamado.

Despertai nos homens e mulheres de hoje um amor ardente e constante a Jesus e uma devoção filial a Maria. Obtende-nos uma consciência atenta aos verdadeiros valores da vida, e que, seguindo vossos passos, sejamos perseverantes no caminho do bem, iluminados sempre pala Palavra de Deus. Alcançai para os pecadores um coração arrependido, a verdadeira contrição, o perdão misericordioso de

Deus, um horror profundo ao mal e fortaleza suficiente para resistir às tentações.

Queremos, à vossa imitação, que a vontade de Deus seja a única regra de nossa vida. Convosco também queremos ser fiéis à graça de orar sempre e de perseverar no serviço de Deus, até chegar o dia mil vezes feliz, em que possamos juntar-nos todos para o louvor eterno da Santíssima Trindade. Amém.

Em honra de São Clemente Maria

Ó Deus, que adornastes o vosso servo São Clemente Maria com a firmeza de uma fé admirável e com a virtude de uma constância invencível, fazei, vos rogamos, que pelos seus merecimentos sejamos fortes na fé e fervorosos na caridade. Dai-nos a graça de seguir seu exemplo de fidelidade inabalável para com o chefe da Igreja, o Papa. É nosso desejo imitá-lo no empenho total em socorrer espiritual e materialmente os pobres e abandonados, na oração perseverante e, acima de tudo, no amor terno e fiel a Jesus e a Maria. Amém.

A São Geraldo

São Geraldo, alegramo-nos pela vossa felicidade e pela vossa glória; bendizemos a Deus que vos cumulou dos mais raros dons de sua graça; e vos felicitamos por haverdes fielmente correspondido a tanta ventura. Ainda que de longe, desejamos parecer-nos convosco. Não são vossos êxtases nem vossos milagres que desejamos imitar, mas sim aquela pureza absoluta que vos distinguiu, aquele amor que vos fazia correr para Jesus Sacramentado; aquele espírito de penitência que vos fez em alto grau semelhante a Jesus Crucificado, aquela inviolável fidelidade à vontade divina, aquele desprendimento que vos tornou religioso, pobre, casto e obediente, aquela caridade fraterna que vos fez dedicado aos trabalhos mais humildes e pesados, consolador dos aflitos, socorro dos pobres e famintos, poderoso apóstolo dos abandonados.

Ó São Geraldo, admirável por tantos prodígios operados em favor daqueles que vos invocam, socorrei-nos em nossas moléstias, desventuras, combates de espírito e de coração, e em todas as aflições que enchem de amargura esta vida. Além disso, defendei-nos de todos os pecados, obtende-nos, por intercessão de Maria, a graça de nos conformarmos à imagem de Jesus Cristo, como vós, a fim de que, depois desta vida, tenhamos a ventura de o gozar e de o louvar eternamente convosco. Amém.

A São João Nepomuceno Neumann

Ó São João, missionário e bispo, no mais íntimo de vosso ser experimentastes a necessidade de proclamar com a palavra e com o exemplo a sabedoria e o poder de Deus, pregando a Cristo crucificado, cuja imagem reproduzistes em vossa vida. Como o Bom Pastor, toda a vossa vida foi dada pelas vossas ovelhas. Um amor fraterno e autêntico vos levou à dedicação missionária e pastoral em favor dos abandonados e dos fracos. Os emigrantes, os mais pobres, os doentes, as criancinhas foram a vossa preocupação.

Bom filho de Santo Afonso, por meio do sacramento da reconciliação, levastes o perdão de Deus e as graças da redenção aos pecadores. São João, alcançai-nos a graça de também nós nos santificarmos nos trabalhos comuns e ordinários de cada dia, fazendo tudo por amor a Jesus e a Maria, fazendo tudo por amor a nossos irmãos mais necessitados. Amém.

Orações em honra dos santos mais invocados

Em honra de Santo Antônio

Ó Deus eterno e todo-poderoso, destes Santo Antônio ao vosso povo como grande pregador e intercessor em todas as necessidades. Fazei-nos por seu auxílio seguir os ensinamentos da vida cristã e sentir a vossa ajuda em todas as provações. Assim seja.

A Santo Antônio pelos namorados
(José Dutra)

Glorioso Santo Antônio, a devoção popular vos escolheu como o Padroeiro dos Namorados. E nós ficamos felizes com esta escolha. Por isso, vimos pedir vossa especial proteção. Fazei-nos compreender o sentido do verdadeiro amor que leva um homem a deixar pai e mãe para se unir à sua mulher, de modo que já não sejam dois, mas uma só carne, e os consagra um ao outro para realizar a missão que Deus lhes confiou.

Que esse amor cresça em nós a cada dia do nosso namoro. Que não seja como a paixão que queima e se apaga como fogo de palha, mas como luz que ilumine nossos caminhos; que seja como fonte de água viva que nos sustente em nossa caminhada rumo ao futuro. Que esse amor nos enriqueça de fé e de esperança, de compreensão e de confiança, de apoio e colaboração mútua; que nos fortaleça para que possamos assumir, com plena consciência, as responsabilidades de um casamento fecundo e de uma família feliz, da qual Deus possa se alegrar em fazer parte.

Que sejamos fiéis um ao outro e estejamos sempre juntos, na alegria e na tristeza, na saúde e na doença, na riqueza ou na pobreza, aceitando-nos como somos e perdoando-nos sempre que precisarmos de perdão. Que sejamos como a árvore plantada em terra boa, que dá seus frutos no tempo certo. Que nossos filhos possam se orgulhar de nós e que eles sejam a nossa alegria. E, cumprida a nossa missão neste mundo, possamos nos unir a vós e a todos os anjos e santos do céu, para louvar e bendizer a Deus, por toda a eternidade. Santo Antônio, abençoai o nosso namoro e rogai por nós, hoje e sempre. Amém.

A São Benedito

Ó glorioso Protetor, São Benedito, agora no céu estais gozando o prêmio de vosso sincero amor a Deus e de fidelidade à Santa Igreja Católica. Voltai vossos olhos de proteção sobre vossos fiéis, para que sigamos sempre o caminho do bem e da virtude. Pela vossa intercessão junto a Deus, ajudai-nos a libertar-nos da superstição e do erro, e mostrai-nos o caminho do céu e da salvação. Assim seja.

Em honra de São Bento

Ó Deus eterno e todo-poderoso, fizestes São Bento grande Mestre na escola do vosso serviço. Concedei que, nada preferindo ao vosso amor, corramos de coração aberto no caminho dos vossos mandamentos e sejamos livres de tudo o que impede o nosso crescimento na vida de amor. Assim seja.

A São Brás

Ó Bondoso São Brás, zeloso bispo e pastor amoroso dos cristãos a vós confiados, que testemunhastes com o martírio vossa fé e vosso amor a Jesus Cristo, obtende-me a graça de ser fiel à missão que Deus me confiou no mundo.

E porque Deus vos concedeu também o dom de proteger seus filhos e filhas contra os males da garganta, peço vossa especial proteção para minha garganta e para minha voz, de modo que possa, durante toda a minha vida, louvar e bendizer a Deus, e ensinar os outros a fazerem o mesmo. Amém.

São Brás, rogai por nós!

A São Cosme e a São Damião

São Cosme e São Damião, que testemunhastes vosso amor a Cristo, fazendo da vossa profissão de médicos um verdadeiro sacerdócio, na evangelização dos pagãos, peço vossa especial proteção para minha saúde física e mental.

Peço vossa proteção também para os médicos e outros profissionais da saúde, para que exerçam sua profissão com amor e espírito de serviço.

E já que sois protetores das crianças, peço-vos por todas as crianças, principalmente as abandonadas. Amém.

São Cosme e São Damião, rogai por nós!

A São Cristóvão

Ó São Cristóvão, que colocastes vossa força física a serviço dos irmãos, transportando-os na travessia do rio, e tivestes a honra de carregar nos ombros o próprio Jesus, Senhor do mundo, obtende-me a disposição de colocar-me a serviço do nosso Deus, amando-o principalmente nos irmãos mais necessitados.

E porque fostes escolhido como padroeiro dos motoristas, peço vossa especial proteção para todos aqueles que dirigem veículos, seja na terra, no ar ou no mar. Que tenham consciência de sua responsabilidade, habilidade no volante e sejam protegidos de todos os perigos, para que cheguem sãos e salvos ao término de suas viagens, junto com todos os que os acompanharem. Amém.

São Cristóvão, rogai por nós!

A Santa Edwiges

Santa Edwiges, que amastes a virgindade como forma de agradar a Deus; que honrastes o matrimônio como esposa fiel e mãe amorosa; e, ficando viúva, escolhestes a vida religiosa como forma de consagrar totalmente ao Senhor o resto de vossa vida, ajudai-me a servir a Deus, conservando puro o meu coração e cumprindo fielmente a missão que ele me confiou neste mundo.

E pelo vosso desapego aos bens materiais e pelo vosso amor aos pobres, ensinai-me a abrir meu coração aos pobres e necessitados. E porque vos invocam ainda como "protetora dos endividados", peço-vos que me ajudeis em minhas necessidades essenciais, de modo que possa oferecer à minha família uma vida digna. Amém.

Santa Edwiges, rogai por nós!

A Santo Expedito

Santo Expedito, eu louvo e bendigo a Deus, que vos iluminou para a fé e vos deu forças para testemunhá-la com o martírio.

Pela vossa determinação em resistir ao demônio, que tentou impedir a vossa conversão, obtende-me a graça de resistir às tentações e jamais deixar para depois uma decisão que deva tomar na hora certa para meu benefício espiritual.

E já que vos tornastes tão grande intercessor junto de Deus, para causas urgentes, suplico-vos que me obtenhais a graça de... , a qual desde já agradeço à misericórdia de Deus. Amém.

Santo Expedito, rogai por nós!

Em honra de São Francisco de Assis

Ó Deus, fizestes São Francisco assemelhar-se ao Cristo por uma vida de humildade e pobreza. Concedei-nos que, seguindo fielmente o vosso Filho, trilhemos o mesmo caminho de São Francisco. Unidos com ele na perfeita alegria de ser discípulos, filhos e testemunhas de Jesus em nossa vida, cheguemos à bem-aventurança. Amém.

Oração de São Francisco

Senhor, fazei-me instrumento de vossa paz.
Onde houver ódio, que eu leve o amor.
Onde houver ofensa, que eu leve o perdão.
Onde houver discórdia, que eu leve a união.
Onde houver dúvida, que eu leve a fé.

Onde houver erro, que eu leve a verdade.
Onde houver desespero, que eu leve a esperança.
Onde houver tristeza, que eu leve a alegria.
Onde houver trevas, que eu leve a luz.
Ó Mestre, fazei que eu procure mais:
Consolar, que ser consolado;
compreender, que ser compreendido; Amar, que ser amado.
Pois é dando que se recebe.
É perdoando que se é perdoado.
E é morrendo que se vive para a vida eterna.

A Santa Inês

Ó querida Santa Inês, que toda a Igreja venera como modelo e símbolo de pureza, quero hoje colocar-me sob a vossa especial proteção. Pela vossa constância na fé, pela firmeza na esperança, pela grandeza do vosso amor a Cristo, ao qual consagrastes a vossa virgindade, e pelo eloquente testemunho do vosso martírio, obtende-me a pureza de corpo e de alma e ensinai-me a praticar as virtudes que honram e dignificam a mulher.

Obtende-me também a graça de amar a Jesus acima de tudo e jamais desviar-me do caminho do bem, servindo sempre a Deus e aos irmãos. Amém.

Santa Inês, rogai por nós!

A São Luís Gonzaga

Ó São Luís Gonzaga, eu bendigo e agradeço a Deus, que vos dotou de dons e graças especiais, mostrando-vos o caminho da santidade desde a vossa adolescência e tornando-vos modelo e protetor dos adolescentes e jovens. Por isso aqui estou, pedindo a vossa amizade e proteção.

Pela vossa admirável pureza de coração e de vida, ensinai-me a respeitar o meu corpo e a praticar a castidade e as outras virtudes que dignificam a pessoa humana. Pelo vosso desapego às honras e às riquezas, ensinai-me os verdadeiros valores da vida. Pela vossa heroica caridade ao próximo, demonstrada na assistência aos empestados, ensinai-me a ver e a amar Cristo nos irmãos necessitados.

Bondoso São Luís, obtende-me um grande amor a Jesus e a Maria e ajudai-me a seguir sempre pelo caminho do bem, servindo a Deus durante todos os dias de minha vida. Amém. São Luís Gonzaga, rogai por nós!

A Santa Marta

Ó Santa Marta, que fostes privilegiada amiga de Jesus e tivestes a alegria de hospedá-lo várias vezes em vossa casa, ensinai-me o sentido da verdadeira amizade.

E porque fostes tão solícita em servir a Jesus, obtende-me a graça de amá-lo de todo o coração, servindo-o também nos irmãos e irmãs que de mim precisarem. Amém.

Santa Marta, rogai por nós!

A São Martinho

São Martinho, que atraístes o amor de Cristo, repartindo vosso manto com um mendigo quase nu, ensinai-me a abrir meu coração aos irmãos necessitados.

Vós, que abandonastes as armas do exército, para abraçar a vida monástica, na oração e na penitência, e depois empunhar as armas da

Palavra de Deus e da caridade, para a conversão dos pagãos, ensinai-me a ser apóstolo no dia a dia de minha vida.

Obtende-me um grande amor a Deus e ao próximo, e ajudai-me em minhas necessidades espirituais e temporais. Obtende-me especialmente a graça que hoje vos peço: (faça o pedido).

São Martinho, rogai por nós!

A São Peregrino

Ó grande São Peregrino, eu louvo e bendigo a Deus, que vos iluminou a mente e tocou o vosso coração, de modo que, de jovem rebelde e mundano, vos tornastes zeloso apóstolo dos Servos de Maria. Peço-vos a coragem de renunciar às vaidades do mundo, para servir melhor a Deus e aos irmãos.

E já que o próprio Cristo vos curou de uma ferida cancerosa, e a Igreja vos declarou padroeiro dos cancerosos, peço-vos que me livreis dessa terrível doença; ou, se um dia for atingido por ela, obtende-me resignação e paciência para suportá-la até o fim, por amor a Deus. Amém.

São Peregrino, rogai por nós!

Em honra de Santa Rita

Ó Deus poderoso e fiel, distinguistes a vossa grande serva, Santa Rita, com muitas graças e favores. Fizestes dela exemplo de mãe dedicada ao lar, de esposa compreensiva e de religiosa exemplar. Concedei pela sua intercessão que compreendamos os vossos caminhos e cheguemos à realização plena e perfeita da vossa vontade. Amém.

Em honra de São Sebastião

Ó Deus todo-poderoso e Deus forte, concedei-nos por intercessão do vosso mártir São Sebastião o espírito de fortaleza. Que aprendamos com ele a saber distinguir os valores da vida terrena e os valores eternos, para obedecer mais a vós do que aos homens. Em qualquer situação da vida e de trabalho, tenhamos o vosso Espírito para saber escolher o que é da vossa vontade. Amém.

A Santa Teresinha do Menino Jesus

Ó Santa Teresinha, sois exemplo de simplicidade e humildade e sempre vos colocastes nas mãos do Pai. Intercedei junto a Deus para que os homens compreendam o vosso caminho, que leva ao céu, para que, vencendo o egoísmo e o orgulho, possam construir um mundo melhor e conquistem os povos para o Reino de Cristo pelo amor, justiça e paz. Fazei com que os homens compreendam a mensagem do Evangelho e sejam atraídos a viver o ideal cristão do amor, pelo espírito de desapego e doação. Santa Teresinha do Menino Jesus, padroeira das missões, rogai por nós e protegei os missionários. Amém.

A São Vicente de Paulo

São Vicente de Paulo, padroeiro de todas as associações de caridade e pai de todos os infelizes, vede a multidão de males pelos quais está passando a humanidade do nosso tempo! Alcançai do Senhor socorro para os pobres, alívio aos enfermos, consolação aos aflitos, proteção aos desamparados, abertura de espírito aos ricos, conversão dos pecadores, zelo aos sacerdotes e paz à Igreja. Pela vossa intercessão e seguindo o vosso exemplo de total desapego das coisas deste mundo e de amor aos homens, saibamos transformar a nossa sociedade, e dar condições para que as pessoas cheguem ao conhecimento e ao amor a Deus, e se preparem para a eternidade. Amém.

MINHA VIDA DE ORAÇÃO NAS DIVERSAS NECESSIDADES

Pelo Papa

— Oremos pelo nosso Pontífice, o Papa N...

— O Senhor o conserve e vivifique, e o faça feliz na terra, e não o entregue nas mãos de seus inimigos.

(Pai-nosso, Ave-Maria, Glória ao Pai)

Pelos sacerdotes

Senhor Jesus Cristo, que, para testemunhar-nos o vosso amor infinito, instituístes o sacerdócio católico, a fim de permanecerdes entre nós, pelo ministério dos padres, enviai-nos santos sacerdotes!

Nós vos pedimos por aqueles que estão conosco à frente de nossa comunidade, especialmente o pároco de nossa paróquia. Pedimos pelos missionários que andam pelo mundo, enfrentando o cansaço, perigos e dificuldades para anunciar a Palavra da Salvação.

Pedimos pelos que se dedicam ao serviço da caridade, cuidando das crianças, dos doentes e dos velhos, de todos os que sofrem e estão desamparados.

Pedimos por todos aqueles que estão a serviço do vosso Reino de Justiça, de Amor e de Paz, seja ensinando, seja abençoando, seja administrando os sacramentos da salvação.

Amparai e confortai, Senhor, aqueles que estão cansados e desanimados, aqueles que sofrem injustiças e perseguições por vosso nome, aqueles que se sentem angustiados diante dos problemas. Fazei que eles todos sintam a presença do vosso amor e a força da vossa Providência. Amém.

Pelas vocações sacerdotais
(Paulo VI)

Ó Jesus, divino Pastor das almas, que chamastes os Apóstolos para fazer deles pescadores de homens, atraí a vós as almas ardentes e generosas de jovens, para torná-los vossos seguidores e vossos ministros; fazei que eles participem de vossa sede de Redenção universal, pela qual renovais sobre os altares o vosso sacrifício. Vós, ó Senhor, "sempre vivo a interceder por nós" *(Hb 7,25)*, abri para eles os horizontes do mundo inteiro, onde a silenciosa súplica de tantos irmãos pede luz de verdade e calor de amor, a fim de que, respondendo ao vosso chamamento, continuem aqui na terra a vossa missão, edifiquem o vosso Corpo Místico, que é a Igreja, e sejam "sal da terra" e "luz do mundo" *(Mt 5,13)*. Amém.

Pelas vocações
(Paulo VI)

Senhor, pelo batismo vós nos chamastes à santidade e à cooperação generosa na salvação do mundo. Na messe que é grande, auxiliai-nos a corresponder à nossa missão de membros do Povo de Deus.

Qualquer que seja o chamado, que cada um de nós seja verdadeiramente outro Cristo no meio dos homens.

Ó Senhor, por intercessão de Maria, Mãe da Igreja, concedei-nos o dom misericordioso de muitas e santas vocações sacerdotais, religiosas, missionárias e leigas de que a Igreja necessita. Amém.

Oração à Sagrada Família
(Papa Francisco)

Jesus, Maria e José, em vós contemplamos o esplendor do verdadeiro amor, confiantes, a vós nos consagramos. Sagrada Família de Nazaré, tornai também as nossas famílias lugares de comunhão e cenáculos de oração, autênticas escolas do Evangelho e pequenas igrejas domésticas. Sagrada Família de Nazaré, que nunca mais haja nas famílias episódios de violência, de fechamento e divisão; e quem tiver sido ferido ou escandalizado seja rapidamente consolado e curado. Sagrada Família de Nazaré, fazei que todos nos tornemos conscientes do caráter sagrado e inviolável da família, da sua beleza no projeto de Deus. Jesus, Maria e José, ouvi-nos e acolhei a nossa súplica. Amém.

Pelas missões

Senhor Jesus, Luz dos povos, vossa Igreja deseja ardentemente, anunciando o Evangelho a toda criatura, iluminar todos os homens com a claridade de vossa mensagem, libertá-lo do pecado e de suas consequências, e instaurar entre eles o vosso Reino de justiça, de amor e de paz.

Tornai-nos conscientes e capazes de nosso dever de evangelizar o mundo, com o testemunho autêntico de nossa fé, o anúncio confiante de vossa Palavra, a prática constante do vosso amor, para que o mundo todo faça parte do Povo de Deus, do Corpo do Senhor e do Templo do Espírito Santo. E em vós, cabeça de todos, se dê honra e glória ao Criador e Pai de todas as coisas. Amém.

Oração do apóstolo cristão

Senhor, destes-nos a incumbência de estabelecer no mundo o vosso Reino, de transformá-lo segundo o vosso desígnio.

Sabemos que nada mudará se não vivermos as bem-aventuranças.

Dai-nos, por isso, um espírito desapegado e pobre para possuirmos o Reino do céu, que anunciamos.

Fazei-nos humildes e mansos, como vós sois manso e humilde de coração, e assim seremos reconhecidos como herdeiros da terra prometida.

Aflitos, consolai-nos para testemunhar a consolação que vem de vós, quando enxugardes toda lágrima de nossos olhos. Dai-nos verdadeira fome e sede de justiça que vem de vós, revelando a certeza de que ela se fará e que seremos saciados. Abrandai nosso coração, fazei-nos misericordiosos como o Pai celeste é misericordioso, para alcançarmos misericórdia e manifestá-la ao mundo.

Purificai nosso coração de todo o pecado, de todo apego mau, para que possamos ver a Deus e revelá-lo aos homens. Sustentai nossos esforços para promover a paz, para que sejamos reconhecidos e chamados filhos do Deus da paz. Fazei que não tenhamos medo das lutas e perseguições pela causa da justiça, para pertencermos ao Reino do céu, Reino da justiça. Quando formos injuriados, perseguidos, caluniados, quando falarem mal de nós por vossa causa, dai-nos a alegria de permanecer em paz, manifestando a certeza da recompensa que teremos no céu.

Enfim, fazei-nos prontos para executar toda obra boa, para que sejamos o sal da terra e a luz do mundo, para a glória de Deus. Amém.

Pelos governantes

Senhor nosso Deus, vós governais todas as vossas criaturas com carinho e amor. Transformastes vosso poder em presença e serviço no meio dos homens, para salvar a todos. Não quereis que ninguém se perca e olhais cada pessoa como um valor infinito. Senhor, fazei com que essa vossa imagem, manifestada em Jesus Cristo, se grave no coração e nas atitudes de todos os que nos governam: nosso presidente, nossos governadores, nossos prefeitos e todos os seus colaboradores.

Dai-lhes sabedoria, para que descubram novos caminhos para o desenvolvimento, sem sacrificar a paz e a unidade dos homens. Dai-lhes amor, para que protejam e promovam a vida humana acima de todos os outros valores. Dai-lhes forças, para que façam respeitar os direitos universais dos homens, acima de todos os partidos, ideologias ou instituições. Que assumam os seus cargos como uma missão de serviço, que tenham a coragem de ser honestos em todas as situações e decisões.

Senhor, ajudai-os a bem governar, com o povo e para o povo, tornai-os sensíveis diante daqueles que mais necessitam.

Abençoai tudo o que fazem de bom e recompensai generosamente todos aqueles governantes que exercem sua missão com sabedoria e amor. É o que vos pedimos por meio de nosso Senhor Jesus Cristo e unidos no mesmo Espírito Santo. Amém.

Pela paz
(Paulo VI)

Senhor, temos nossas mãos ainda ensanguentadas desde as últimas guerras mundiais, de tal maneira que todos os povos não puderam ainda apertar fraternalmente as mãos uns dos outros.

Senhor, estamos armados hoje em grau nunca antes atingido e nos carregamos de instrumentos mortíferos capazes, em um instante, de incendiar a terra e talvez destruir a humanidade.

Senhor, baseamos o desenvolvimento e a prosperidade de inúmeras indústrias colossais sobre a capacidade demoníaca de produzir armas de todo calibre, destinadas a matar e a exterminar os homens, nossos irmãos. Estabelecemos assim o cruel equilíbrio da economia de muitas nações poderosas sobre o mercado de armas com nações pobres, privadas de arados, de escolas e de hospitais.

Senhor, deixamos renascer em nosso meio ideologias que levantam os homens uns contra os outros: o fanatismo revolucionário, o ódio as classes, o orgulho nacionalista, o exclusivismo racial, as rivalidades tribais, os egoísmos comerciais, os individualismos hedonistas e indiferentes às necessidades dos outros.

Senhor, escutamos todos os dias, angustiados e impotentes, as notícias de tantas guerras ainda acesas no mundo.

Senhor, é verdade: não estamos andando no caminho certo.

Olhai, entretanto, Senhor, para nossos esforços, sem dúvida insuficientes, mas sinceros, pela paz no mundo! Há magníficas instituições no plano internacional, há projetos para o desarmamento e para as negociações de paz.

Senhor, há sobretudo tantos túmulos que confrangem nosso coração, tantas famílias esmagadas pelas guerras, conflitos e decapitações, há mulheres que choram, crianças que morrem, refugiados, presos acabrunhados pelo peso da solidão e do sofrimento, há tantos jovens que se insurgem para que a justiça se realize e para que a concórdia seja a norma das novas gerações.

Senhor, bem sabeis que há homens que fazem o bem no silêncio, na coragem, no desinteresse, e que rezam com um coração sincero. Há cristãos — quantos! — no mundo que querem viver o vosso Evangelho e praticar o sacrifício e o amor.

Senhor, Cordeiro de Deus, que tirais os pecados do mundo, dai-nos a paz!

Pelos pecadores

Senhor, tende piedade de nós, porque somos pecadores.

Sabemos que o pecado vos ofende, exatamente porque destrói a nós mesmos, que vós amais como filhos.

Sede misericordioso conosco, Senhor, e não leveis em conta as nossas fraquezas. Libertai-nos de nossas culpas e libertai o nosso mundo de todas as suas maldades.

Tende piedade daqueles que pecam, porque ajudam os outros a pecarem, cooperando com tudo o que existe de mal e de destruidor em nosso mundo. Abri-lhes os olhos, fazei que percebam sua própria responsabilidade e dai-lhes forças para que se convertam a vós.

Tende piedade daqueles que pecam, ofendendo não só a própria dignidade, mas explorando e arruinando a dignidade de inúmeras pessoas. Usai de vosso poder para os despertar, a fim de que os que sofrem se vejam livres e os que fazem sofrer não se condenem.

Tende piedade daqueles que chamastes para serem membros de vossa Igreja, a fim de que sejam instrumentos de vossa verdade e do vosso amor para com os homens. Muitos deles continuam ocultando ou deturpando a vossa face, não se comprometem com o vosso Reino de amor e de justiça e, por suas palavras e exemplos, impedem muitos de nele entrarem. Iluminai-os para que reconheçam o perigo que estão correndo, façam penitência de seus atos e omissões e voltem a ser membros vivos de vossa Comunidade de amor.

Enfim, Senhor, assim como fazeis brilhar o sol sobre os bons e sobre os maus, derramai a vossa bondade sobre o nosso mundo, sede misericordioso com os vossos filhos, tende paciência com a nossa insensatez e vinde converter o nosso coração e a nossa mente para vós.

Tudo isso vos pedimos através da morte e ressurreição de Jesus, vosso Filho e nosso Senhor, e pela força do Espírito Santificador. Amém.

Pelos doentes

Senhor, fonte de nossa vida, olhai os nossos doentes de hoje com a mesma misericórdia com que encontrastes tantos doentes, quando caminhastes no meio de nós.

São tantos os que sofrem, Senhor. E são tão poucos os que descobrem o verdadeiro sentido da dor.

Curai-lhes o espírito, Senhor, para que se unam generosamente a vós no momento da dor. Fazei que aceitem, com muita paz, tudo o que devem sofrer, sem desistirem de lutar pela própria saúde.

Ajudai-os a completar no próprio corpo, pelo amor e pela doação, o que falta à vossa Paixão, pela salvação de si mesmos e de muitos homens.

Nós vos pedimos também, Senhor: devolvei-lhes a saúde do corpo. Que voltem a vos agradecer pelo dom da vida. Aumentai-lhes a alegria de crer e que possam novamente reunir-se com os irmãos para vos louvar e participar do Pão da vida!

Curai-os, Senhor, para que aprendam a ver a vida como um dom e saibam aceitar a morte como uma passagem.

Finalmente, fazei crescer a graça da vossa presença, para que reassumam a vida com maior alegria e com muita seriedade. Que a doença lhes seja uma bênção e a cura seja um sinal de sua salvação! Amém.

Pelos necessitados
(São Clemente de Roma)

Nós te suplicamos, ó Todo-poderoso, sê o nosso socorro e nosso defensor. Salva os oprimidos, tem piedade dos pequenos, levanta os que caíram, mostra-te aos que padecem necessidade, cura os enfermos, traz de volta os que se perderam, dá alimento aos que têm fome, a liberdade aos prisioneiros. Que todos os povos reconheçam que só tu és Deus, que Jesus Cristo é teu Filho, que somos o teu povo e ovelhas do teu redil.

Dá misericórdia e paz a nós e a todos os habitantes da terra, como deste a nossos pais, que te rogavam na fé e na verdade, submissos ao teu poder infinito e à tua santidade.

Só tu tens o poder de realizar estas coisas e outras maiores ainda. Nós te damos graças pelo Sumo Sacerdote e Protetor de nossas pessoas, Jesus Cristo. Por ele te sejam dadas glória e magnificência agora e de geração em geração, pelos séculos dos séculos. Amém.

Oração ecumênica
(Liturgia episcopal anglicana)

"Ó Deus, Pai de nosso Senhor Jesus Cristo, nosso único Salvador, Príncipe da Paz, dá-nos a graça de ponderar seriamente os grandes perigos causados por nossas infelizes divisões. Arranca de nossos corações todo o ódio e preconceito e quaisquer outros obstáculos que se possam contrapor à nossa união e concórdia religiosa. Assim como não há senão um só Corpo e um só Espírito, um só Senhor, uma só fé, um só batismo, um só Deus e Pai de todos nós, sejamos todos um só coração e uma só alma. Unidos em um santo vínculo de verdade e paz, de fé e amor, e com um só espírito e uma só boca te glorifiquemos, mediante Jesus, nosso Senhor. Amém."

Pelos solitários
(Frei Silva Neiva)

É terrível o sentir-se solitário, Senhor! Às vezes, até mesmo num ambiente cheio de pessoas me sinto só... Sinto que o mundo está repleto de gente solitária, sentada nos bancos das praças ou nos tamboretes do bar, ou no cinema, ou nas festinhas.

Meu vizinho tampouco bateu jamais à minha porta.

Por que há de ser assim, Senhor? Ajudai os vossos solitários a sair fora de si mesmos. Se não temêssemos tanto sofrer ferimentos na ação, verdadeiramente quereríamos chegar a conhecer e responder melhor ao próximo.

Dai-me força para afrontar o risco. A ferida não pode ser pior do que esta terrível sensação de solidão.

Ajudai-nos, ó Deus, a vencer nossa solidão, a compenetrar-nos e a unir-nos a vós. Amém.

Pelos mortos

Deus nosso Pai, ouvi as nossas preces! Sede misericordioso para com todos os vossos filhos que chamastes deste mundo. Dai-lhes a felicidade, a luz e a paz!

Que encontrem o vosso perdão que sempre suplicaram.

Não permitais que sofram aqueles que creram em vós. Que a sua vida não seja tirada, mas transformada. Concedei-lhes que, tendo participado da morte do Cristo pelo Batismo, participem igualmente de sua ressurreição. Fazei brilhar para eles aquele dia em que Jesus vai ressuscitar os mortos, tornando o nosso pobre corpo semelhante ao seu corpo glorioso.

Senhor, acolhei todos os nossos falecidos no banquete do vosso Reino.

Nós nos unimos a eles, esperando também, um dia, saciar-nos plenamente da vossa glória, quando enxugardes toda a lágrima dos nossos olhos.

Então, contemplando-vos como sois, seremos para sempre semelhantes a vós, e cantaremos juntos sem cessar os vossos louvores.

Tudo isso vos pedimos por Jesus Cristo, vosso Filho e nosso Senhor, e unidos pelo mesmo Espírito Santo. Amém.

Pelos pais falecidos

Ó Deus, que mandastes honrar pai e mãe, sede clemente e misericordioso com as almas de meu pai e de minha mãe. Perdoai-lhes os pecados, recompensai-os por tudo de bom que realizaram neste mundo e fazei que eu possa, um dia, reunir-me a eles, na alegria e na eterna luz. Amém.

Oração do professor

Ó divino Mestre, Jesus, Caminho, Verdade e Vida, com humildade reconheço que me destes a honra e a responsabilidade de também ser um mestre.

Devo ensinar e devo educar, ainda que seja limitado e fraco.

O Espírito Consolador, que o Pai, em vosso nome, enviou aos Apóstolos, ensinou-lhes toda a verdade. Que eu seja dócil ao Espírito Santo e dele aprenda e saiba comunicar a ciência do amor a Deus e ao próximo.

De vós quero aprender a acolher a todos e a cada um, rico ou pobre, brilhante ou de poucos dotes, sabendo dedicar maior amor e cuidado ao que mais necessitar. Ajudai-me a ser simples, calmo, honesto e justo em minha escola. Que eu jamais me deixe abater pelo cansaço, não me entregue à aridez da rotina, nem me deixe derrotar pela ingratidão.

Que esta profissão de ensinar me leve a ser cada vez mais um discípulo de vossa escola de amor e da verdade que salva. Amém.

Oração do estudante

Cristo, quero falar contigo sobre minha vida.

Há tantas coisas para aprender!

São muitos os que gostam de falar sobre a vida, mas bem poucos nos ensinam a viver.

Senhor, eu quero estar preparado para assumir a minha responsabilidade na construção do mundo.

Quero que todos os meus estudos me ajudem a descobrir, principalmente, a arte de viver e de conviver.

Por isso, Cristo, dirijo-me a ti, consagrando-te este meu tempo de formação.

Peço-te que me ilumines por dentro e sejas o Mestre do meu viver.

Ajuda-me a usar a inteligência para compreender as pessoas, mais do que as coisas.

Fortifica-me a vontade, para que assuma este tempo de formação com persistência e honestidade, sem temer os sacrifícios.

Não permitas que a busca de diplomas, promoções e lucros tire do meu coração a alegria de servir com desinteresse e de me doar por amor.

Neste mundo de consumo e de confusão, ajuda-me, Senhor, a ser gente, a viver livremente, a ser amigo e a viver contigo em todas as situações.

Que o teu Evangelho seja a minha luz, e terei certeza que não vou me enganar na conquista de minha verdadeira realização e felicidade. Amém.

Oração daqueles que cuidam dos doentes
(J. Galot)

Jesus, vós vos deixastes comover por todas as dores humanas, por todas as enfermidades, por todas as doenças.

Jamais passastes ao lado de um infeliz sem desejar consolá-lo e libertá-lo de seu mal.

Senhor, fonte de caridade, fazei que nossa dedicação aos doentes não resulte simplesmente de uma simpatia humana, mas de uma autêntica caridade cristã.

Colocai em nosso coração vosso próprio amor, a fim de que amemos o próximo como vós nos amastes.

Que a força divina de vossa caridade nos eleve acima de nossas emoções, de nossas preferências, de nossas repugnâncias, e que nos ligue aos doentes com mais constância e generosidade.

Que ela nos faça capazes de amar e de cuidar alegremente, por amor de vós, daqueles que nos desagradam.

Que ela nos ajude a dominar nossa impaciência, a não colocar limites ao nosso espírito de serviço.

Por vossa caridade, fazei que amemos do mais profundo do nosso coração, e que os doentes possam sentir em nosso amor a grandeza e a beleza do vosso amor. Amém.

Oração do viajante

(Adaptada de João XXIII)

Deus Pai todo-poderoso, que criastes o homem segundo a vossa imagem, infundindo-lhe uma alma imortal que por vós anseia e, pelos caminhos da fé, quer chegar a vós e em vós descansar, fazei que nós, que percorremos as estradas do mundo, tenhamos consciência de nossa responsabilidade e encaminhai-nos pela caridade e prudência.

Jesus, Verbo Encarnado, que andastes pelas estradas e pelas águas, para fugir de inimigos, para curar doentes, para pregar o reino dos céus, fazei-nos fortes e perseverantes no bem e guardai-nos sempre em vossa graça.

Virgem Imaculada, que pelas veredas do exílio carregastes o Menino Jesus, o guiastes nas suas viagens de adolescente para a Cidade Santa, de perto o seguistes na subida do Calvário e, elevada aos céus, sois a Rainha do mundo, Mãe de toda bondade e misericórdia, caminho e porta do paraíso, protegei-nos nesta viagem terrestre; defendei-nos dos perigos da alma e do corpo, aos quais estamos continuamente expostos. Fazei-nos bondosos e pacientes com o próximo que encontrarmos pelos caminhos.

Espíritos celestes, mensageiros do Altíssimo, santos Apóstolos de Cristo, implorai-nos uma fé viva, que oriente nossa vida para Deus e nos mantenha preparados para a última viagem, rumo à eterna Pátria, onde convosco louvaremos a Deus por todos os séculos sem fim. Assim seja.

Oração dos motoristas

(D. Adelino Dantas)

Senhor, motoristas das estradas brasileiras, somos filhos vossos. Nossa presença e nosso trabalho, do Norte ao Sul e do Leste ao Oeste, servem ao progresso e à unidade da Pátria.

Ao cumprirmos nossa missão, enfrentamos, dia e noite, o desconforto das viagens, as surpresas do tráfego, as horas de solidão, as saudades do lar, os mil perigos e os riscos de vida. Quantos de nós saem de casa para nunca mais voltar! Não faltam pelos caminhos as tentações e as más companhias. Ajudai-nos a ser dignos, honestos e fiéis aos nossos compromissos.

Como o bom samaritano do Evangelho, encontramos, muitas vezes, o nosso irmão, ferido ou morto, à beira da estrada. Ao cruzarmos ruas e rodovias e ao pararmos nos momentos de descanso, sentimos a nossa vocação de sermos o bom irmão do colega caído ao longo dos caminhos.

Senhor, abençoai o nosso trabalho, as nossas canseiras, as nossas famílias e os nossos colegas. Que o Espírito Santo nos guie e nos faça motoristas conscientes, responsáveis. Concedei-nos a alegria do feliz retorno ao lar e a paz das missões bem cumpridas; e assim, rodando as estradas da terra, seguros e tranquilos, transportando a riqueza, os frutos do trabalho e do progresso, cheguemos um dia à casa paterna do Céu, acompanhados por Cristo que é o Caminho. Amém.

Oração do velho

Senhor, em vós eu me apoiei desde que nasci, porque me acolhestes desde o ventre de minha Mãe.

Vós, Senhor, sois a minha esperança, a minha confiança desde a juventude.

Agora, Senhor, não me rejeiteis no tempo da velhice, não me abandoneis, quando as minhas forças declinam.

Mesmo sentindo o peso dos anos e das muitas labutas, meu espírito está cheio de vida e de força.

Os homens não me valorizam mais como antes, mas eu quero continuar sendo útil a muitos.

Senhor, ajudai-me a viver a velhice com alegria e aceitá-la como um tempo de ação de graças.

Que minhas forças se voltem para vos adorar, que meu espírito transmita paz a todos que se achegam!

Que eu saiba repartir as experiências vividas, sem as impor.

Que eu saiba valorizar o passado, sem desmerecer o presente.

Senhor, santificai-me no tempo da velhice, ajudai-me a vos louvar por tudo o que me fizestes. Perdoai todas as minhas culpas e limitações.

Fazei-me recolher com gratidão tudo o que vivi, para que, desde já, tenha coragem de vos doar minha vida, com o mesmo amor e generosidade com que a doastes a mim.

Senhor, de vós eu vim e para vós quero voltar. Bendito seja o vosso santo nome! Amém.

Oração do doente

Senhor, de vós eu recebi o dom da vida. Sempre me destes força para que pudesse realizar minha missão sobre a terra.

Agora, Senhor, sinto-me doente e enfraquecido.

Estou percebendo que já não sou assim tão importante, que o mundo e os homens continuam a caminhar sem a minha contribuição.

Às vezes, sinto-me até inútil e pesado para aqueles que se preocupam comigo.

Estou experimentando na carne a fragilidade de minha vida terrena e devo confessar que sinto medo.

Senhor, tende piedade de mim.

Senhor, eu creio que passastes por esta experiência, quando vivestes entre nós e tivestes de enfrentar a morte.

Creio também que ressuscitastes e que, em vosso Corpo glorioso, está a certeza de que posso vencer todas as limitações de meu próprio corpo.

Senhor, ficai comigo neste momento de dor.

Iluminai-me com a vossa Palavra, para que eu não perca a esperança nem a vontade de viver.

Fazei-me participar de vossa vitória sobre a dor e sobre a morte, devolvendo-me a saúde, para que possa retomar as minhas atividades.

Alimentai-me com o vosso amor, para que consiga fazer deste tempo uma oferta generosa, que, unida ao vosso Sacrifício, sirva para a minha salvação e para a salvação de muitos irmãos. Enfim, ajudai-me a dizer convosco, com sinceridade e alegria: Pai seja feita a vossa vontade, assim na terra como no céu. Amém.

Oração em tempo de tribulação e calamidade

Nós estamos sofrendo, Senhor! Nesta hora de angústia e calamidade, em que vemos sobre nós e sobre os que amamos a ameaça da tribulação, percebemos como somos fracos e sem poder para superar o mal. Somos fracos até para compreender como e por que permitis que vossas criaturas, vossos filhos passem por este sofrimento.

Só vós podeis nos livrar, só vós podeis nos esclarecer e nos confortar!

Eterno Pai, pelo sangue de Jesus Cristo, misericórdia! Assinalai-nos com o sangue do Cordeiro Imaculado, Jesus Cristo, como assinalastes o vosso povo de Israel, para o livrardes da morte. E vós, ó Maria, Mãe de Misericórdia, aplacai a Deus, pedi-lhe por nós e alcançai-nos a graça que pedimos!

Glória ao Pai...

Eterno Pai, pelo sangue de Jesus Cristo, misericórdia! Salvai-nos do naufrágio do mundo, como salvastes Noé do dilúvio universal. E vós, ó Maria, Arca da Aliança, aplacai a Deus, pedi-lhe por nós e alcançai-nos a graça que pedimos!

Glória ao Pai...

Eterno Pai, pelo sangue de Jesus Cristo, misericórdia! Livrai-nos dos flagelos que temos merecido, como livrastes a Lot do incêndio de Sodoma. E vós, ó Maria, Advogada nossa, aplacai a Deus, pedi-lhe por nós e alcançai-nos a graça que pedimos!

Glória ao Pai...

Eterno Pai, pelo sangue de Jesus Cristo, misericórdia! Consolai-nos nas atuais necessidades e tribulações, como consolastes a Jó, Ana e Tobias, nas suas aflições. E vós, ó Maria, Consoladora dos Aflitos, aplacai a Deus, pedi-lhe por nós e alcançai-nos a graça que pedimos!

Glória ao Pai...

Eterno Pai, pelo sangue de Jesus Cristo, misericórdia! Dai-nos força e coragem para enfrentar os perigos e sofrimentos que nos ameaçam, como fortalecestes com o maná o vosso povo que atravessava o deserto. E vós, ó Maria, Auxílio dos cristãos, aplacai a Deus, pedi-lhe por nós e alcançai-nos a graça que pedimos!

Glória ao Pai...

Eterno Pai, pelo sangue de Jesus Cristo, misericórdia! Iluminai as nossas inteligências, a fim de encontrarmos a melhor solução para os problemas, como instruístes os santos apóstolos com as luzes do vosso Espírito. E vós, ó Maria, Mãe do Bom Conselho, aplacai a Deus, pedi-lhe por nós e alcançai-nos a graça que pedimos!

Glória ao Pai...

Eterno Pai, pelo sangue de Jesus Cristo, misericórdia! Vós não quereis a morte do pecador, mas, sim, que se converta e viva; dai-nos tempo de fazer penitência, a fim de que, arrependidos de nossos pecados, vivamos santamente. E vós, ó Maria, Refúgio dos Pecadores, aplacai a Deus, pedi-lhe por nós e alcançai-nos a graça que pedimos! Glória ao Pai...

Eterno Pai, nós vos oferecemos o sangue de Jesus em desconto dos nossos pecados, pelas necessidades da santa Igreja, pela conversão dos pecadores. Imaculada Virgem Maria, Mãe de Deus, rogai por nós, por N.... e por todos. Jesus e Maria, confiamos em vós! Amém.

Na hora do sofrimento

Ó Pai, vede os sofrimentos de vossos filhos. Vede o momento difícil pelo qual passamos. Pai, é chegada a hora. Glorificai vossos filhos, sustentando nossa fraqueza, para que também vos glorifiquemos manifestando vosso poder. Pai, se for possível, afastai de nós este cálice. Mas nosso entendimento não penetra vosso plano de amor e, se for conforme a vossa vontade, se temos de beber este cálice de amargura, ajudai-nos com a força de vossa graça, para que possamos repetir, não só com os lábios, mas também com o coração, a oração de Jesus no Horto das Oliveiras: "Faça-se como vós quereis, não como nós queremos".

Muitas vezes somos perseguidos, humilhados, injustiçados. Dai-nos perceber que o discípulo não é maior que o Mestre e que Cristo revive em nós os mistérios de sua paixão redentora. Ajudai-nos a superar todo ressentimento e a rezar como vosso Filho na cruz: "Pai, perdoai-lhes!"

Sabemos que vosso plano de amor muitas vezes nos coloca na cruz. Que ele se realize em nós, para que possamos repetir confiantes a última oração de vosso Filho: "Em vossas mãos, ó Pai, entrego o meu espírito" e, assim esperar, tranquilos, que vosso poder se manifeste na glória de nossa ressurreição. Amém.

Ato de resignação

Senhor, meu Deus, desde já aceito de vossa mão, resignado e contente, conforme os aprouver, todo e qualquer gênero de morte, com todas as suas angústias, penas e dores. Porque ressuscitastes vosso Filho Jesus dentre os mortos, eu me entrego em vossas mãos paternais, e espero de vossa misericórdia ser revestido de imortalidade e acolhido em vosso reino eterno. Amém.

Oração da criança

Jesus, eu gosto do Senhor. Muito obrigado pela vida que o Senhor me deu! Muito obrigado por papai e mamãe e por todas as pessoas que o Senhor colocou bem perto de mim.

Jesus, eu estou crescendo não só por fora, para ter um corpo bonito e forte, mas ajude-me a crescer também por dentro, para ter um coração cheio de bondade. Jesus, ajude-me a ser feliz, ajude-me a não ter medo de ser sincero. Quero crescer com alegria e fazer muita gente feliz, porque eu existo.

Jesus, eu gosto do Senhor, de todo o coração, e vou gostar de todo mundo, como o Senhor gosta de mim. Amém.

Oração do jovem

Aqui estou, Senhor, cheio de juventude e de esperança. Sinto em meu corpo e em meu íntimo as forças da vida que me impulsionam para o crescimento e para a plenitude da idade adulta.

Sois vós, ó Pai, que me chamastes à existência e me dais uma missão a cumprir neste mundo. Sois vós que me concedeis a graça da fé e alimentais em mim a esperança da salvação. Sois vós que me ofereceis o vosso amor e pedis que eu vos ame, amando a meus irmãos deste mundo.

Ajudai-me, Senhor, para que eu desenvolva e empregue para o bem as energias que tenho em mim. Que eu seja capaz de colaborar para uma sociedade mais fraterna, mais verdadeira e mais justa. Que eu não desanime em minhas falhas, não me deixe arrastar pelos maus exemplos e não perca o ânimo nas decepções.

Concedei que a minha presença e minhas atitudes façam renascer a esperança dos mais velhos e contribuam para levantar os que fracassaram. Que eu conserve a coragem de ajudar e não caia nunca nas garras do egoísmo.

Que o amor que sinto nascer em mim não se apague e que meu coração esteja sempre aberto para vós e para todos.

Iluminai-me com vossa Sabedoria, para que eu saiba distinguir entre o bem e o mal, a verdade e o erro, o que edifica e o que destrói. Dai-me docilidade para respeitar e ouvir os que têm mais experiência, principalmente meus pais e aqueles que são responsáveis pela minha formação.

Que estes chamados para a verdade e para a justiça, que ressoam em meu interior, se concretizem pela adesão consciente à Igreja.

Dai-me o Espírito Santo, para que, com os outros jovens, a exemplo de Jesus Cristo, eu me transforme em sangue novo para perpetuar a salvação. Assim seja.

Oração dos noivos

Senhor, que nos escolhestes para a fundação de um lar cristão, fazei que nos preparemos bem para receber-vos dignamente no sacramento do matrimônio.

Ajudai-nos a compreender a nossa grande vocação.

Ajudai-nos no esforço de nos conhecermos um ao outro e de corrigirmos nossos defeitos, para sermos mais felizes.

Ajudai-nos a preparar juntos um lar sólido, acolhedor, onde todos encontrem Amor e Paz.

Ajudai-nos a cumprir a vossa vontade, a aceitar igualmente as alegrias e as durezas da nossa vida futura.

Guardai as nossas promessas, até que vossa bênção nos dê um ao outro, para sempre. Amém.

Oração dos esposos

Senhor Jesus, fazei do nosso lar um lugar do vosso amor. Que não haja injúrias, porque vós nos dais compreensão. Que não haja aflição, porque vós nos abençoais. Que não haja egoísmo porque vós nos alimentais. Que saibamos caminhar para vós, em nossa vida de cada dia. Que em cada manhã nasça mais um dia de doação e sacrifício. Fazei, Senhor, de nossos filhos aquilo que desejais. Ajudai-nos a educá-los e a orientá-los em vosso caminho. Fazei que nos esforcemos em nos consolar mutuamente. Ó Maria, Mãe amorosíssima de Jesus e nossa Mãe, fazei, por vossa piedosa intercessão, que Jesus acolha bondosamente a oferta que lhe fazemos de nossa família e nos conceda as suas bênçãos e graças. Amém.

Oração à espera de um filho

Meu Deus, pela fecundidade me concedeis a graça de colaborar convosco no mistério sagrado desta vida nova que se forma em meu seio.

Aqui estou para agradecer-vos e para implorar. Um dia, quisestes que vosso Filho Jesus se fizesse homem da carne e do sangue de Maria, a Virgem de Nazaré. Por esse acontecimento santo, eu vos rogo: protegei-me nesta gravidez, a fim de que meu filho nasça perfeito e sadio, seja também vosso filho pelas águas do batismo e cresça abençoado e feliz.

Eu o consagro desde agora a vós e à Virgem Maria! Eu aceito generosamente os incômodos e sofrimentos desta espera e do momento em que meu filho vier à luz. Peço-vos apenas que me conforteis e me deis força para tudo suportar, e que eu tenha vida e saúde para cuidar desta criança, enquanto ela de mim precisar.

Santa Mãe de Deus, alcançai de Jesus, vosso Filho, o que peço agora pela vida que trago em meu seio. Assim seja.

Oração da esposa e mãe cristã

Ó Maria, casta esposa de São José e Mãe terníssima de Jesus, modelo perfeito das esposas e mães, venho a vós cheia de respeito e de confiança para implorar o vosso auxílio. Vede, ó poderosa Mãe, vede as minhas necessidades e as de minha família; ouvi os votos do meu coração, pois é ao vosso, tão terno e tão bom, que os entrego.

Espero, pela vossa intercessão, alcançar de Jesus a graça de cumprir, como devo, as obrigações de esposa e mãe. Alcançai-me o santo temor de Deus, o amor ao trabalho e às boas obras, às coisas santas e à oração; alcançai-me a doçura, a paciência, a sabedoria, enfim todas as virtudes que o apóstolo São Paulo recomenda às mulheres cristãs, e que fazem a felicidade e o ornamento das famílias.

Ensinai-me a honrar o meu esposo, como vós honrastes a São José, e como a Igreja honra a Jesus Cristo. Fazei que ele sempre ache em mim uma esposa segundo o seu coração. Protegei meu marido, encaminhai-o, pois desejo tanto a sua felicidade como a minha.

Encomendo também ao vosso materno coração os meus filhos. Sede a sua Mãe e inclinai seus corações à piedade. Que sejam felizes; que, depois da nossa morte, se lembrem de seu pai e de sua mãe e roguem por nós; que honrem nossa memória pelas suas virtudes.

Possamos todos nós, ó Maria, reunir-nos no céu, para contemplar vossa glória, celebrar os vossos benefícios e louvar eternamente o vosso Filho amado, Jesus Cristo, nosso Senhor. Amém.

Prece do turista

Senhor, vou descobrir, em minhas férias, as maravilhas da natureza, da arte, do homem.

Possa eu encontrar, na vastidão, na variedade dos horizontes e das criaturas, teu vestígio imutável, eterno.

E com estes tesouros na alma, faze que eu retorne às pequenas e grandes coisas de cada dia com a fisionomia pura e sorridente. Amém.

Oração do sertanejo
(Geraldo Meirelles)

Deus de minh'alma, Pai da minha vida, escuta a reza simples e pura de um coração caboclo. Vivendo, dia e noite, entre as maravilhas do céu e as belezas da terra, sinto minha vida muito perto de ti. Sinto que me vês, sinto que me amas. Sinto que me falas e proteges. Guardo, bem guardada, no fundo do meu coração, a certeza de que estás a meu lado e a vontade de conversar contigo. São todas interiores, ó Pai, as riquezas do filho pobre. Riquezas que tu me deste, quando me deste os pais que tive ou que tenho. Deixa-me agradecer, de coração, ser rico em meu coração. Mora nele tudo o que sou e que tenho. Mora a Fé, que tu me deste e que procuro defender, procuro aumentar. Mora a Esperança, que não me larga em tudo o que faço e padeço. Mora o Amor, o escondido e forte amor do homem do sertão. Mora a Paciência, companheira que me segue pelo dia afora e vence comigo as dificuldades da minha vida.

Deus de minh'alma, Pai da minha vida, dá-me tudo o de que preciso, ensina-me a pedir o que me faz bem. Conserva junto de mim as coisas que minha vida espera: a família feliz, a saúde forte, os campos prósperos, o gado bonito e resistente, a casa querida, a chuva a seu tempo, o sol que amadura o grão, a lua que coa prata no sertão, o vento que refresca, as cores que alegram, os filhos que prometem tanto, a virtude que garante, a fé que ilumina, a esperança que leva para a frente, ano após ano, a vida quieta do caboclo, até chegar a hora de contemplar teu rosto, solene e amigo, ó Pai de minh'alma, Deus da minha vida, da vida simples e pura de caboclo do sertão. Assim seja!

QUARTA PARTE

SACRAMENTO DA RECONCILIAÇÃO

Quando você pretende se confessar, lembre-se que vai receber o Sacramento do perdão, que vem de Deus. Não o confunda com uma simples conversa com o padre, em busca de opiniões, explicações etc. É um *momento de oração*, de diálogo entre um filho pecador e um Pai misericordioso.

Deus espera de você atitudes profundas e sinceras:

— reconhecendo-se pecador e necessitado da misericórdia de Deus;

— suplicando o perdão com humildade;

— prevendo como irá agir para evitar certas ações erradas ou corrigir e melhorar suas atitudes.

O verdadeiro arrependimento se demonstra mais pelo futuro do que pelo passado, mais por aquilo que você pretende fazer de bom e de melhor, do que por aquilo que você fez de errado.

O padre é o ministro do perdão de Deus. Pela oração da Absolvição, ele reintegra você na comunhão de vida com Jesus Cristo e com a comunidade cristã.

Nunca se esqueça de que Deus somente estará perdoando a você na medida em que você estiver perdoando aos outros.

Confesse-se sempre que perceber que já não está mais participando da comunidade cristã, principalmente da Ceia eucarística, ou quando as suas atitudes e ações são tais, que o fazem sentir-se sem a Graça de Deus, ou ainda, quando você pretende melhorar ou tomar uma atitude nova e mais cristã em sua vida.

Não faça da confissão simplesmente um acerto de contas com Deus, mas sim um encontro de amor e conversão. A graça sacramental da penitência é uma graça própria para fazê-lo progredir em direção à vontade de Deus, para viver em paz consigo e com os outros.

Participe sempre que puder das Celebrações Comunitárias da Penitência, em que se manifesta mais claramente a comunidade cristã como o instrumento sacramental do perdão de Deus. É importante que os membros de uma Comunidade se perdoem mutuamente e rezem juntos, pedindo o perdão uns pelos outros.

Rito para a reconciliação individual

Preparação

Prepare-se com antecedência: reze, examine-se, seja mais generoso em seus gestos de caridade e, principalmente, desculpe e perdoe a todos que o ofenderam ou magoaram.

Oração inicial

Senhor Deus, Pai todo-poderoso e cheio de misericórdia, vós não cessais de me oferecer o vosso perdão em nome de vosso Filho Jesus.

Abri os meus olhos, para que veja o mal que pratiquei, e tocai o meu coração, para que me converta a ós com sinceridade. Que o vosso amor me reconduza à unidade que o pecado dividiu, e que o vosso poder cure as minhas feridas e fortaleça a fraqueza do meu espírito.

Dai-me o Espírito Santo, para que renove em mim a vossa vida e não permita que eu seja vencido pela morte do pecado. Que o vosso perdão faça brilhar novamente em mim a imagem de vosso Filho Jesus, para que os homens, olhando a minha vida, aceitem o Cristo em suas vidas, tornem-se membros da vossa Igreja e vos glorifiquem como nosso Pai e Senhor. Amém.

Reflexão sobre o Evangelho

Deus nos procura com insistência para nos dar o seu perdão. E ele é o primeiro que se alegra, quando nos arrependemos e suplicamos o seu perdão. Jesus nos revela a face misericordiosa de Deus: é o Pai, de quem nada temos a temer e em quem depositamos a nossa confiança, porque, sendo sinceros, sempre seremos perdoados.

Naquele tempo, Jesus disse esta parábola: "Quem de vocês, se tiver cem ovelhas e perder uma delas, não deixa as noventa e nove sozinhas, para ir procurar a ovelha perdida até encontrá-la? E achando-a, coloca-a sobre os ombros, cheio de alegria, e, voltando para casa, convida os amigos e os vizinhos, dizendo-lhes: 'Alegrem-se comigo, porque encontrei minha ovelha que estava perdida?'

Eu lhes digo: assim também haverá maior alegria no céu por um pecador que se converte, do que por noventa e nove justos que não precisam de conversão" (Lc 15,4-7).

Se quiser, pode refletir sobre outros textos da Bíblia: Isaías 1,18-20; 53,4-6. Mateus 6,14-15. Lucas 6,31-38; 15,11-32. João 20,19-23. Colossenses 3,1-17. Gálatas 5,13-26. 1João 1,6-9.

Exame de consciência

Olhe para Deus, lembrando-se do amor infinito que ele tem por você; e olhe para sua vida, em todas as direções e atividades, e veja se ela está sendo uma resposta digna de um filho de Deus.

1º ponto: você e Deus

Disse o Senhor: "Amarás o Senhor teu Deus, de todo o teu coração". Amar é querer bem. "Quem me ama, faz a minha vontade", disse Deus *(cf. Jo 14,21-24).*

Examine-se portanto:

a) Eu quero mesmo bem a Deus? Procuro conhecê-lo pelo estudo da religião, ou nem me interesso por ele?!...

b) Procuro conhecer e cumprir a vontade de Deus, expressa nos seus Mandamentos, no Evangelho e nas orientações da sua Igreja?

c) A minha fé não é só de palavra? Sou fiel à minha religião, ou procuro outras religiões... espiritismo... superstições... macumba... horóscopo etc...?

d) Respeito tudo o que se refere à religião, a Deus, a Nossa Senhora e aos santos?

e) A oração é a respiração da alma, "o grande meio da salvação": rezo sempre?

f) Domingo é o Dia do Senhor: eu trabalho ou falto à missa sem verdadeira necessidade?

g) Confesso-me, quando tenho pecado grave, e participo da comunhão sacramental?

h) Religião é vida: dou testemunho e bom exemplo em casa e fora de casa?

2º ponto: você e os outros

Disse o Senhor: "Amem uns aos outros como eu os amei" *(Jo 15,12)*. Isso quer dizer: não faça aos outros o que você não quer que os outros façam a você; ou melhor: procure fazer aos outros o que você gostaria que os outros fizessem a você! Examine-se, pois:

a) Eu quero mesmo bem aos outros, ou sou egoísta, procurando o meu próprio interesse, o meu prazer... e os outros que se danem?

b) Interesso-me pelo bem comum, em espírito de serviço: na família, na sociedade, na Igreja?

c) Faltei contra a justiça, a paz e a concórdia?

d) Respeitei, obedeci, ou abusei da autoridade: na família, na sociedade, na Igreja?

e) Fidelidade conjugal: fui infiel?... Eu aceito os filhos que posso ter? Procuro educá-los devidamente?

f) Mentiras, calúnias... difamações?...

g) Atentados contra a vida e integridade física do próximo? Aborto: aconselhei ou ajudei de qualquer forma?...

h) Palavras ofensivas, ódio, vingança, negar o perdão?...

i) Roubo, prejuízo aos outros?... É preciso restituir!

j) Escândalo: levei os outros a pecar? ...

3º ponto: você e sua pessoa

Disse o Senhor: "O ideal é ser perfeito como o Pai Celeste é perfeito" *(Mt 5,48)*.

Deve-se amar uns aos outros como a si mesmo. Amar a si mesmo é não ser egoísta; é viver para Deus e para o próximo, como Jesus e Maria e todos os santos. Só assim você se realizará, só assim você será feliz, só assim você poderá ser perfeito. Pois "quem não ama permanece na morte" *(1Jo 3,14)*.

Examine-se, portanto:

a) Que faço de minha vida? Vivo como filho de Deus que sou, feito para a eternidade, como Jesus e Maria, ou vivo como um animal, cujo destino é o pó da terra, mergulhado na matéria, nos prazeres, nas coisas deste mundo?

b) Procuro formar retamente a minha consciência e agir sempre de acordo com ela?

c) Entrego-me à vaidade ou ao orgulho, que é a raiz de todos os pecados?

d) Procurei ser senhor de minhas paixões e não escravo dos instintos, como os animais?

e) Procuro respeitar o meu corpo, que é templo do Espírito Santo, evitando o abuso dos sentidos (embriaguez etc.) e do sexo (sozinho, com outra pessoa ou de qualquer outro modo)? Tive namoro escandaloso?...

f) Consenti em maus desejos de qualquer espécie?

g) Não contei, de propósito, pecados graves, nas confissões passadas? Cumpri a penitência que me foi dada pelo sacerdote? Procurei sinceramente corrigir-me dos pecados confessados?...

Oração penitencial

Jesus, vós me dizeis:
Eu sou a Luz, e tu não me vês!
Eu sou o Caminho, e tu não me segues!
Eu sou a Verdade, e tu não me crês!
Eu sou a Vida, e tu não me procuras!
Eu sou o Mestre, e tu não me ouves!
Eu sou o Senhor, e tu não me obedeces!
Eu sou o teu Deus, e tu não recorres a mim!
Eu sou o teu grande Amigo, e tu não me amas!
Se te sentires infeliz, a culpa não é minha!
Senhor, Filho de Deus, Salvador, tende piedade de mim, pecador!

Salmo 50

Ó Deus, tem piedade de mim, conforme a tua misericórdia; no teu grande amor cancela o meu pecado.

Lava-me de toda a minha culpa, purifica-me de meu pecado. Reconheço a minha culpa, meu pecado está sempre diante de mim.

Contra ti, só contra ti eu pequei, eu fiz o que é mal a teus olhos. Mas tu queres a sinceridade do coração e no íntimo me ensinas a sabedoria.

Purifica-me com o hissopo e ficarei puro; lava-me e ficarei mais branco que a neve. Afasta o olhar dos meus pecados, cancela todas as minhas culpas.

Cria em mim, ó Deus, um coração puro, renova em mim um espírito resoluto. Não me rejeites de tua presença e não me prives do teu santo espírito.

Devolve-me a alegria de ser salvo, que me sustente um ânimo generoso. Quero ensinar teus caminhos aos que erram e a ti voltarão os pecadores.

Senhor, abre meus lábios e minha boca proclame o teu louvor; pois não te agrada o sacrifício e, se ofereço holocaustos, não os aceitas.

Sacrifício para Deus é um espírito contrito; não desprezas, ó Deus, um coração contrito e humilhado.

Ó Deus, tem piedade de mim, conforme a tua misericórdia!

Rito penitencial

Acolhimento

Em nome do Pai...

Sacerdote: Deus, que fez brilhar a sua luz em nossos corações, te conceda a graça de reconhecer os teus pecados e a grandeza de sua misericórdia.

Penitente: **Amém.**

Se for oportuno, informe ao sacerdote o seu estado civil, a sua profissão, há quanto tempo está afastado dos sacramentos etc.

Confissão dos pecados

Conte com sinceridade as ações e, principalmente, as atitudes negativas, nas quais você percebe que tem responsabilidade e culpa. Lembre-se não só daquilo que você fez de errado, como também daquilo que você deixou e fazer de bom. Ouça com atenção os conselhos do sacerdote, procure esclarecer-se bem, de modo particular se houver algum mal a reparar.

Aceite a ação penitencial (penitência) que o confessor lhe indicar, como sinal de quem pretende satisfazer pelo pecado e renovar a própria vida cristã.

Oração de contrição

Manifeste o seu arrependimento com palavras próprias ou com esta oração:

Senhor Jesus Cristo, Cordeiro de Deus, que tirais o pecado do mundo, dignai-vos reconciliar-me com vosso Pai, pela graça do Espírito Santo. Purificai-me, em vosso sangue, de todo pecado e fazei-me renascer para vida nova, a fim de proclamar a vossa glória.

Oração de absolvição

O sacerdote, com as mãos estendidas sobre a sua cabeça, diz a oração do perdão sacramental:

Sacerdote: Deus, Pai de misericórdia, que, pela morte e ressurreição de seu Filho, reconciliou o mundo consigo e enviou o Espírito Santo para remissão dos pecados, te conceda, pelo ministério da Igreja, o perdão e a paz.

E eu te absolvo dos teus pecados, em nome do Pai e do Filho e do Espírito Santo.

Penitente: **Amém.**

Despedida

Sacerdote: Dá graças ao Senhor, porque ele é bom.

Penitente: **Porque a sua misericórdia é eterna.**

Sacerdote: O Senhor perdoou os teus pecados. Vai em paz! *Penitente:* **Amém.**

Ação de graças

A ação de graças sacramental é a participação na Eucaristia. Contudo, não custa você dizer um "muito obrigado a Deus" pelo grande dom do seu perdão.

Salmo 102

Minha alma, bendize o Senhor e tudo o que há em mim, o seu santo nome! Minha alma, bendize o Senhor, e não esqueças nenhum de seus benefícios.

É ele quem perdoou todas as tuas culpas, que curou todas as tuas doenças; é ele que salvou tua vida do fosso, e te coroou com sua bondade e sua misericórdia.

O Senhor é misericordioso e compassivo, lento para a cólera e rico em bondade. Não estará em demanda para sempre, e não dura eternamente sua ira.

Não nos trata conforme nossos pecados, não nos castiga conforme nossas culpas. Pois quanto é alto o céu sobre a terra, tanto prevalece sua bondade para com os que o temem.

Quanto é distante o oriente do ocidente, tanto ele afasta de nós nossas culpas. Como um pai se compadece dos filhos, o Senhor se compadece dos que o temem.

O homem... seus dias são como a erva: floresce como a flor do campo; basta que sopre o vento, desaparece, e o lugar que ocupava não voltará a vê-la.

Mas a bondade do Senhor desde sempre e para sempre é para os que o temem, e sua justiça é para os filhos dos filhos, para os que guardam sua aliança e se lembram de observar seus preceitos.

Minha alma, bendize o Senhor e tudo o que há em mim, seu santo nome!

Glória ao Pai, ao Filho e ao Espírito Santo. Como era no princípio, agora e sempre. Amém.

Oração para pedir a perfeição
(Santo Tomás de Aquino)

Senhor, que eu chegue a ti por um caminho reto e seguro, para que não me desvie na prosperidade ou adversidade. Nas horas felizes te agradeça; nas tristes, tenha paciência. Na felicidade não me exalte, na tristeza não desanime. Nada me alegre senão o que me leva a ti; nada me entristeça senão o que te desagrada. Despreze por tua causa tudo o que passa; dê valor a tudo o que te diz respeito, mas a ti, meu Deus, acima de tudo. Qualquer alegria fora de ti me cause tédio; seja agradável o trabalho contigo e, sem ti, insuportável.

Dá-me a graça de erguer a ti meu coração, de reconhecer meu erro quando cair. Torname, Senhor, obediente, pobre, casto. Torname paciente, sem reclamação. Humilde, sem fingimento. Alegre, sem exageros. Grave, sem abatimento. Reservado, sem rigidez. Ativo, sem leviandade. Cheio de temor de Deus, sem desespero. Sincero, sem aspereza. Faça o bem, sem presunção. Corrija o próximo, sem orgulho. Edifique o irmão, sem falsidade.

Dá-me um coração vigilante: que nada o leve para longe de ti. Coração nobre: que a afeição não o enfraqueça. Coração reto: que a má intenção não o desvie. Coração firme: que a desgraça não o abale. Coração livre: que a paixão não o escravize.

Dá-me, Senhor, uma inteligência que te conheça, uma angústia que te procure, uma sabedoria que te encontre, uma vida que te agrade, uma perseverança que me salve, uma confiança que te possua, enfim!

Oração final

Deus e Pai nosso, que perdoastes os nossos pecados e nos destes a vossa paz, fazei que, perdoando uns aos outros, sejamos no mundo instrumentos de paz. É o que vos pedimos por nosso Senhor Jesus Cristo, vosso Filho, que vive e reina para sempre. Amém.

QUINTA PARTE

MINHA VIDA DE ORAÇÃO NA BÍBLIA

Introdução

A Bíblia é o nosso principal instrumento de comunicação com Deus. Nela, Deus nos revelou o seu plano de salvação para a humanidade, desde o Antigo Testamento, através dos profetas, até o seu perfeito cumprimento no Novo Testamento, através de Jesus Cristo.

A Bíblia é para a nós a Palavra de Deus. Lendo-a, ouvimos o próprio Deus que nos fala. Mas não é só. A Bíblia nos ensina também a rezar, a falar com Deus, a abrir-lhe o nosso coração e a esperar a sua ajuda. É só abrir o livro dos Salmos, que são uma fonte inesgotável de oração para todas as circunstâncias da nossa vida.

Por isso, colocamos neste Manual esta quinta parte: Minha Vida de Oração na Bíblia. E a dividimos em duas seções: **Salmos** *(uma seleção de alguns Salmos, adaptados à nossa linguagem por Fl. Castro, C.Ss.R.)* e **Temas e leituras** *(Temas fundamentais da nossa fé e indicação de capítulos e versículos para serem lidos na Bíblia.)*

Louvor ao Senhor

Senhor, nosso Deus,
tua grandeza se mostra
nas grandezas da terra.

Tua majestade está acima
do céu mais alto e é cantada
pelos lábios das crianças.
Tua morada está acima dos ataques
de inimigos e rebeldes.

Olhando o céu que tu fizeste,
a lua, estrelas lá no alto,
fico pensando no que há de ser
o homem, filho de Adão,
que guardas com tantos cuidados.

Tu o fizeste quase tão grande
quanto os seres maiores,
tu lhe deste glória e esplendor.

É o primeiro das tuas criaturas,
para ele todas criaste: os bois,
as ovelhas, o gado todo
e todas as feras selvagens,
pássaros do céu e peixes das águas.

Senhor, nosso Deus,
tua grandeza se mostra
nas grandezas da terra.
(Na Bíblia, Salmo 8)

Louvor à Palavra de Deus

Falam os céus da glória de Deus,
anuncia o firmamento a obra
de suas mãos,
numa linguagem sem palavras
que todos podem compreender...

A lei do Senhor é perfeita
— força para a alma —
o testemunho do Senhor é verdadeiro
— sabedoria para o simples.

Os mandamentos do Senhor são direitos
— alegria dos corações —

as ordens do Senhor são transparentes
— uma luz para os olhos.

Se respeitamos o Senhor
— somos puros para sempre.
o Senhor julga segundo a verdade
— faz sempre a justiça.

Sua justiça vale mais que o ouro
— muito mais que ouro puro —
suas palavras são mais doces que o mel
— que o mel em favos.

Assim eu penso, Senhor, e espero
guardar tua palavra para sempre, mas,
mas quem pode dar firmeza a meus passos,
libertar-me da maldade em mim oculta?

Livra-me, Senhor, do meu orgulho,
livra-me, Senhor, do seu domínio,
e eu serei então sem culpa,
sem dever esse pecado.
(Na Bíblia, Salmo 18)

Confiando no Senhor

O Senhor é meu pastor,
não tenho falta de nada.

Leva-me para campos
de verdes relvas e águas
puras e refrescantes.
Leva-me por caminhos certos,
porque ele mesmo é certo.

Mesmo varando vales escuros
mal nenhum temerei, pois tu
és meu apoio e proteção,
és consolo para mim.

Mesmo quando não me querem,
és amigo que me abre a porta:
teus abraços me fazem feliz,
mais feliz do que poderia.

Dia a dia vou sendo levado
feliz pela tua bondade:
minha casa é a casa do Senhor,
e sempre assim há de ser.
(Na Bíblia, Salmo 22)

Sede de Deus

Como quem morre de sede,
de sede de água viva,
assim minha alma morre
de sede de ti, ó meu Deus.

Minha alma tem sede de Deus,
do Deus da vida:
quando será que verei
a face de Deus?

Dia e noite meu pão é de lágrimas,
eu que estou sempre ouvindo:
Seu Deus, onde está?

Minha alma se abre quando me lembro
que estou caminhando para a tua casa,
cercado dos gritos alegres do povo
que louva e festeja o caminho que faz.

Por que haveria de gemer e chorar,
com dó de mim mesmo,
se tenho certeza que um dia verei
meu Deus salvador?

Quero dizer a Deus meu rochedo:
como haveria de esquecer-me de ti,
como iria deixar que o inimigo
pudesse vencer-me?

... Envia-me tua luz, tua verdade
que me levem pelos caminhos,
pelo caminhos de volta, Senhor,
da casa paterna em que moras.

Chegarei ao altar de meu Deus,
do Deus de minha alegria.
Alegre haverei de cantar-te
a ti, meu Deus e Senhor.
(Na Bíblia, Salmo 41)

Pedindo perdão

Piedade de mim, ó meu Deus, em tua bondade,
apaga meu pecado na tua grande ternura,
lava-me de toda a maldade, purifica-me de tudo.

Meu pecado, muito bem eu o conheço,
minha falta tenho sempre ante meus
olhos:
foi contra ti, Senhor, contra ti somente
que faltei, fazendo o mal que tu condenas.

Se me condenas, não te posso condenar,
teus julgamentos são conformes à justiça.
Sei que sou malvado de nascença,
pecador desde quando concebido.

Tu que amas a verdade tão somente,
dá que eu saiba minha vida bem viver.
Purifica-me, Senhor, e então serei
puro e limpo sem maldade nem pecado.

Faze que eu tenha alegria novamente
após as dores e amarguras do pecado.
Que não olhes como antes minhas faltas,
mas apagues toda a minha iniquidade.

Dá-me, Senhor, um coração que seja puro,
e que eu tenha o teu jeito de pensar:
não me afastes para longe do teu rosto
nem me deixes sem o teu alento santo.

Faze que eu viva na alegria da tua paz,
dá-me um coração grande para que possa
anunciar tua bondade, teus caminhos
para todos que procuram te encontrar.

Reconciliado eu cantarei o teu amor
sempre ansioso, procurando perdoar.
(Na Bíblia, Salmo 50)

Esperando só em Deus

Em Deus somente o repouso de minha
alma,
nele a minha salvação.
Somente ele meu rochedo e salvação,
fortaleza inabalável...

Em Deus somente o repouso de minha
alma,
dele vem minha esperança.
Somente ele o meu bem e salvação,
a minha força.

Deus é meu refúgio, confiem nele todos
sempre e sempre.

Diante dele podem abrir seu coração,
pois ele salva.

São um sopro os filhos de Adão,
uma mentira;
todos na balança nada pesam,
menos que vento.
Não confiem na violência,
nem nos roubos;
se as riquezas se avolumam,
não se apeguem.

Em Deus somente o repouso de minha alma,
nele a minha salvação.
(Na Bíblia, Salmo 61)

Agradecendo

Senhor, tu mereces meu louvor
e toda a minha gratidão.

Se a ti me achego na fraqueza,
todo cheio de pecado,
teu poder é grande e pode
apagar as minhas faltas.

Feliz quem tu escolhes e acolhes
em tua casa.
Que bom poder alimentar-nos
à tua mesa.

Tua justiça tu nos mostras perdoando,
Salvador.
Tu és nossa esperança em toda terra,
todo o dia,
pois teu poder mantém os montes
e as serras,
põe limites para as forças do oceano
e das ondas.

És tu que matas a sede da terra
com as chuvas,
fazendo os rios nas cheias
da fartura:
abençoas o sulco do arado, os grãos
da colheita.

E a terra canta alegre a bênção
que derramas,
sobre a roça, nosso pasto, nosso gado,
vales e morros

que se vestem dos teus verdes
numa festa.
(Na Bíblia, Salmo 64)

A Deus que é pai

Quero louvar o Senhor com todo o meu ser,
bendito seja ele por todos os favores.

Bendito sejas, meu Senhor,
porque perdoas
todos os pecados e me curas
dos meus males.
Por amor tu me livras a vida
da fossa da morte,
tu me cobres e sacias de amor
e de carinho:
minha vida na esperança é sempre jovem.

Bendito sejas, meu Senhor, porque és
justo, e justo salvas da injustiça o fraco
oprimido.
Anunciaste aos nossos pais de antigamente
a vontade decidida de salvar a gente toda,
e mostraste que podes salvar por teus atos.

Senhor, Deus de ternura e de piedade,
tão difícil de irar-se porque tão amante.
Não nos pagas na medida dos pecados
e em bondade não te deixas superar,
pois tu amas como Deus só poderia.

Se eu pudesse medir a altura dos céus,
então saberia como é grande o teu amor.
Se pudesse imaginar qual a distância
entre o nascer do sol e o seu ocaso,
tão longe afastas de nós nosso pecado.

Como a ternura de um pai pelo seu filho,
essa a ternura do Senhor por todos nós.
Ele sabe como nós fomos moldados,
bem se lembra como é frágil a argila
que usou quando quis nos dar a vida.

Nós, seres humanos, somos simples erva,
florescemos e duramos por um dia apenas:
sopra o vento quente, passa e nós
murchamos;
amanhã ninguém saberá dizer
onde o lugar
que na terra ocupamos pouco tempo.

Só o amor do Senhor por nós seus filhos
é que dura para sempre, eternamente.
Sua justa bondade vai além das gerações,
dos filhos e dos netos dos que guardam,
no amor, fidelidade na aliança para sem-
pre.

Quero louvar o Senhor com todo o meu
ser,
bendito seja ele por todos os seus favores.
(Na Bíblia, Salmo 102)

Ao Senhor a minha prece

Senhor, eu te amo
porque escutas
meu grito na prece,
e me atendes
se por ti eu chamo.

Sentia-me preso
em mil perigos,
sem valia,
estando certo
que a vida era peso.

Gritei: livra-me, Senhor!

Deus de bondade,
piedoso e justo,
os pobres guarda,
os fracos salva
da fragilidade.

Tranquilo estou
porque o Senhor
ouviu-me as preces
e dos perigos
já me livrou.
(Na Bíblia, Salmo 114)

Temas e leituras

O PLANO DE DEUS: *Deus quer ser nosso Pai e que todos sejamos irmãos uns dos outros.* Ele é o nosso Criador, o princípio e o fim de todas as coisas e de toda a História. Deus é Amor e fonte da vida, que dura para sempre.

Na Bíblia: 1Jo 4,9-12; Ef 1,3-10; Lc 4,16-21; Jo 1,6-14; Gn 1,1-31; Salmos 19(18); 103(102); 104(103); 148.

A PALAVRA DE DEUS: *Deus nos fala e se revela como Pai Criador, Espírito Santificador e Filho Redentor.* É uma comunidade de pessoas na unidade de um só Deus. A realização do Plano de Deus ao longo da nossa história está escrita na Bíblia.

Na Bíblia: Jo 1,1-14; 6,60-69; 12,46-49; Hb 1,1-3; 4,12-14; Tg 1,22-24; Salmos 119(118); 1.

A PESSOA HUMANA: *O homem foi criado para ser imagem e semelhança de Deus, tal como vemos em Jesus.* Existe uma igualdade fundamental e uma dignidade comum entre todos, enquanto seres humanos e filhos de Deus.

Na Bíblia: Gn 1,26-31; 2,8-25; Lc 12,27-31; Jo 15,1-5; Rm 8,14-17; Gl 1,13-20; Ef 1,3-12; 1Cor 15,20-28; Salmos 8; 139(138).

A FÉ: *É dom que nos faz acolher a Palavra de Deus como Projeto de Vida e de Amor para todos nós.* O ato fundamental de fé é proclamar que cremos em Jesus Ressuscitado. Ela deve iluminar a nossa vida de cada dia e penetrar todas as nossas ações, fazendo-nos viver no Amor e na Esperança.

Na Bíblia: Mt 14,22-33; Mc 9,14-24; Lc 17,5-6; Jo 8,31-47; 20,24-29; Rm 3,21-31; 4,1-25; Tg 2,14-26; Gl 3,1-29; 1Jo 1.10-12; Hb 11,1-3.6; Salmos 1; 11(10); 14(13); 121(120).

O PECADO: *É opor-se ao projeto de Deus por atos, por omissão ou organização.* Destrói a imagem de Deus em nós e nos outros. A misericórdia de Deus pode perdoar qualquer pecado.

Na Bíblia: Gn 3,1-24; Dt 8,11-20; Mt 4,1-11; 5,21-48; Lc 12,2-5; 5,18-26; 15,11-32; Jo 3,16-21; 8,31-47; Rm 1,18-32; 5,17-19; Gl 5,13-26; 2Ts 2,7-12; 1Jo 3,7-10; Salmos 32(31) 51(50); 103(102).

JESUS CRISTO: *É o Filho de Deus que se encarnou como verdadeiro Homem.* Deus nos amou tanto, que quis vir até nós para realizar o seu Projeto de Amor junto conosco. Jesus foi igual a nós em tudo, menos no pecado. Nasceu de Maria de Nazaré pelo poder do Espírito Santo. Tomou sobre si nossas dores e pecados. Ofereceu a sua vida sobre a Cruz para nos reconciliar com Deus e entre nós. Ressuscitou e permanece conosco para sempre como nosso Caminho, Verdade e Vida.

Na Bíblia: Lc 2,8-32; Mt 5,43-48; 16,13-20; Jo 3,16-18; Gl 4,4-7; Cl 1,13-20; Hb 1,1-4; Ef 1,3-14; Fl 2,5-11; 1Jo 1,1-4; Ap 5,9-14; Salmos 18(17); 23(22); 62(61) 98(97) 110(109); 130(129); 136(135).

A IGREJA POVO DE DEUS: *É a comunidade de todos os que seguem Jesus Ressuscitado.* É o sacramento de nossa união com Deus e de nossa união entre nós. O seu distintivo é o Amor fraterno. Organiza sua unidade ao redor do Papa, dos Bispos, dos Sacerdotes e dos outros Ministros das comunidades.

Na Bíblia: At 2,42-47; 4,32-35; Ef 4,4-16; Mt 5,3-48; 16,13-19; 18,1-35; Jo 15,1-8; 1Cor 12,12-27; 1Pd 2,9-10; Salmos 24(23); 122(121); 127(128); 133(132).

MARIA: *É a Mãe de Jesus, Mãe da Igreja, Mãe de Deus, nossa Mãe.* Tem muitos títulos, mas é sempre Maria de Nazaré. Sua missão é levar-nos a Jesus e manter-nos unidos a ele, nosso único Salvador.

Na Bíblia: Gn 3,14-15; Is 7,10-14; Est 5,1-2; 7,2-3; Lc 1,26-56; 2,1-19.41-52; 11,27-28; Jo 2,1-11; 19,25-27; At 1,12-14; Gl 4,4-7; Ap 12,1-16; Salmos 45(44); 67(66); 131(130).

A PARÓQUIA: *É a Comunidade que reúne as famílias cristãs de um mesmo lugar.* É construída sobre o anúncio da Palavra de Deus e a celebração da Eucaristia. Sua vida depende da participação de todos nos Setores ou grupos e dos Ministérios e Serviços que cada membro deve prestar, para fazê-la crescer e mantê-la unida.

Na Bíblia: Mt 25,14-25; Lc 10,1-24; Mc 6,7-12; At 1,6-11; 6,1-7; Rm 12,3-21; 1Cor 9,16-18; 12,3-30; 13,1-13; 14,1-40; Tg 5,19-20; Salmos 15(14); 33(32); 72(71); 144(143); 150.

A ORAÇÃO: *É o diálogo filial de amor com o Pai, por meio de Jesus e em união com o Espírito Santo.* Faz-nos crescer na fé, identificar-nos mais com Jesus e sentir a presença santificadora do Espírito em nossa vida pessoal, familiar e comunitária. Deve ser alimentada sempre pela Palavra de Deus e pela caridade.

Na Bíblia: Lc 11,1-13; 18,1-14; Mt 6,1-15; 18,19-20; Jo 16,23-28; Rm 8,26-28; 1Tm 1,1-8; Tg 1,5-17; Salmos 5; 40(39); 42(41); 57(56); 67(66); 70(69); 123(122); 130(129); 143(142).

FRATERNIDADE CRISTÃ: *O lema do Projeto de Deus é: Unidos em Cristo, para Viver e Crescer em Comunidade.* O testamento de Jesus é: "Amai-vos uns aos outros como eu vos amei" (Jo 15,12). O Amor fraterno é a nossa resposta concreta ao Projeto de Deus. Amor que se manifesta no Servir com humildade, no Perdoar para ser perdoado, no Reunir-se em comunidade, no Doar-se e partilhar e no compromisso pela justiça na sociedade.

Na Bíblia: Mt 5,20-48; 6,9-15; 7,1-5; 18,15-35; 25,31-46; Jo 13,1-15; 15,9-16; Rm 12,9-10; 13,8-10; 1Cor 13,1-9; 1Jo 3,16-23; 4,7-21; Salmos 37(36); 50(49); 112(111); 133(132).

O PROJETO FINAL: *É viver com Deus para sempre.* A Morte do cristão é uma passagem para a união definitiva com Deus. Mas depende de um julgamento sobre o Amor com que tratamos os outros nesta terra, principalmente os pobres e os que sofrem. Quem for aprovado no Amor fraterno, será "Bendito do Pai" para sempre. Ele nos fará participar da ressurreição de Jesus, dando-nos também um corpo de ressuscitados. Quem for reprovado no Amor fraterno, se amaldiçoará a si próprio para sempre.

Na Bíblia: Mt 16,24-28; Jo 19,16-30; Rm 5,12-17; 1Cor 13,8-13; Fl 2,5-11; 1Ts 4,13-18; Ap 20,11-15; 21,1-27; Sb 3,1-9; 4,7-19; 5,1-23; Salmos 24(23); 36(35); 39(38) 84(83); 122(121).

OS SACRAMENTOS: *São sinais ou gestos que significam a presença e a ação salvadora de Jesus Ressuscitado dentro da Comunidade cristã.* Celebram a Vida nova de Jesus por nós e a nossa vida em Jesus. Atualizam os seus gestos salvadores para todas as gerações. *São 7 os Sacramentos: Batismo, Crisma, Eucaristia, Reconciliação, Ordem, Matrimônio, Unção dos Enfermos.*

Procure conhecer bem os 7 Sacramentos, lendo livros apropriados.

Na Bíblia: Jo 4,1-42; 15,1-11; 16,7-15; Rm 8,1-39; Ef 4,17-24; 1Pd 2,9-10; Salmos 50(49); 63(62) 115(113b); 145(144).

SEXTA PARTE

MINHA VIDA CRISTÃ

Embora seja este um livro de orações, achamos fundamental acrescentar esta parte de conscientização para uma vivência cristã autêntica. Para que a nossa "vida de oração", em suas diversas formas de relacionamento apresentadas neste Manual, produza muitos e bons frutos, é indispensável que a nossa "vida cristã", em seus diversos campos da atividade humana, seja um reflexo da nossa vivência espiritual e da nossa união com Deus.

É importante lembrar que, no plano de Deus, cada um de nós tem uma missão a cumprir no mundo, até que completemos nossa caminhada até à Casa do Pai. E a nossa missão, nós a realizamos na medida que nos inserimos nas diversas realidades que envolvem a nossa vida cotidiana: a Igreja, a família, a comunidade, o trabalho e a sociedade. É dentro dessas realidades que devemos fazer crescer e frutificar a nossa "vida cristã", inspirada e impulsionada pela "vida de oração". É pelo equilíbrio e harmonia entre a *oração* e a *ação*, que cumpriremos a nossa missão no mundo.

Na Igreja

Igreja aqui é o Corpo Místico de Cristo, ao qual todos nós pertencemos pela graça do Batismo. Isso significa que todo cristão tem um papel a desempenhar na Igreja. Por isso, é importante estudarmos mais a nossa religião, nos informarmos sobre as coisas da nossa Igreja e estarmos atentos aos ensinamentos da Igreja.

Pela graça do Batismo, todos nós participamos do próprio sacerdócio de Cristo e somos chamados a ajudar na obra evangelizadora da Igreja. Por isso, despertemos e alimentemos dentro de nós o zelo apostólico e o interesse pela salvação dos outros.

Na família

A família, que é chamada de "Igreja doméstica" é o primeiro ambiente em que devemos desenvolver a nossa vida cristã. É na família que podemos desenvolver as virtudes indispensáveis para um testemunho autêntico nos outros ambientes que vamos frequentar.

Nosso apelo aqui é no sentido de que os esposos estejam sempre mais unidos no amor, na compreensão, na fidelidade, no perdão, na colaboração mútua, na oração.

Que os pais se informem e se instruam, para dar aos filhos a melhor formação humana e cristã.

Que os filhos se empenhem em colaborar com seus pais; que os pais e filhos se amem, se respeitem e preservem os valores fundamentais da família.

E que os noivos cuidem de se preparar adequadamente para o casamento, de modo que construam sua família em bases sólidas.

Na comunidade

Deus quer salvar os homens, não individualmente, mas em comunidade, conforme diz o Concílio Vaticano II. Mas o próprio Novo Testamento afirma: "Não rogo somente por eles, mas também por aqueles que, por meio de sua pregação, vão crer em mim, *para que todos sejam um*" (Jo 17,20-21). "Fomos batizados num só Espírito, para formarmos um só corpo" (1Cor 12,13). "Vocês são o corpo de Cristo" (1Cor 12,27).

A comunidade cristã é um grupo de pessoas, unidas pela fé e pelo amor de Cristo, que se empenham em viver os valores da Palavra de Deus em suas vidas e em testemunhar a alegria da vida que há de vir. Por isso, na comunidade há busca em comum, ajuda, oração e fraternidade.

O Espírito Santo é a força que une intimamente a comunidade. É nele que somos batizados e crismados, para formar a comunidade eucarística.

As Comunidades Eclesiais são fundamentais para a vida cristã. Existem desde o princípio do cristianismo. As Comunidades Eclesiais de Base se unem nas paróquias e estas, reunidas, constituem a diocese.

Os vários movimentos, encontros e cursos, que existem hoje nas paróquias, são para orientar os cristãos sobre a sua responsabilidade de participar na sua comunidade. A comunidade é o ambiente natural para o cristão realizar o seu papel na Igreja. Entre as diversas maneiras de participar na comunidade, destacamos algumas:

Dízimo

Adotado na maioria das paróquias, o dízimo é, ao mesmo tempo, uma legítima fonte de recursos para as obras paroquiais e um gesto concreto de gratidão a Deus e de amor ao próximo. É uma maneira de nos doarmos aos irmãos.

Visita aos doentes

"Estive doente e vocês foram me visitar" (Mt 25,36).

Visitar um doente é uma obra de misericórdia muito agradável a Deus. Por isso, o verdadeiro cristão procura fazê-la. Mas é importante ter bom senso e sensibilidade, para não dizer "tolices" na frente do doente.

Quando se tratar de um doente que está agonizando, é bom rezar junto com ele e confortá-lo em seus últimos momentos. Pode-se usar algumas das seguintes orações:

De contrição

— Senhor, tende piedade de mim, pecador.

— Porque não vos amei como devia, Senhor, tende piedade de mim.
— Porque muitas vezes fui egoísta, Senhor, tende piedade de mim.
— Porque faltei com a sinceridade nas palavras e ações, Senhor, tende piedade de mim.
— Porque não amei bastante as pessoas que me confiastes, Senhor, tende piedade de mim.
— Pelo Sangue de Jesus derramado por meu amor, Senhor, tende piedade de mim.
— Pela intercessão de Nossa Senhora e de todos os Santos, Senhor, tende piedade de mim.
— Por tudo o que fiz de injustiça, Senhor, tende piedade de mim.
— Por tudo o que fiz de impuro e de falso, Senhor, tende piedade de mim.
— Por tudo o que não quis fazer de bom, Senhor, tende piedade de mim.
— Meu Jesus, misericórdia. Eu me arrependo profundamente de todos os meus pecados e culpas. Tende piedade de mim, Senhor.
— Pai, perdoai as minhas ofensas, assim como eu perdoo a todos os que me ofenderam.

De confiança

— Pai, nas vossas mãos entrego a minha vida.
— Senhor, em vós confio, não serei confundido para sempre.
— Meu Deus, de vós eu vim, para vós eu volto. Bendito seja o vosso santo nome.
— Pai, seja feita a vossa vontade, assim na terra como no céu.
— Pai, este é o meu corpo, que vos entrego para a salvação do mundo.
— Pai, este é o meu sangue, que vos ofereço em sinal de nossa aliança.
— Meu Deus, eu confio em todas as vossas promessas: Viverei para sempre convosco.

De fé e amor

— Creio em vós, Deus Pai, nosso criador e fonte da nossa vida.
— Creio em vós, Deus Filho, nosso irmão e salvador.
— Creio em vós, Deus Espírito Santo, fonte de amor e de ressurreição.

— Creio, meu Deus, que viestes a nós, cheio de bondade e de perdão.
— Amo-vos, meu Deus, mais do que todas as coisas, mais do que todas as pessoas, mais do que a mim mesmo. Quero estar unido convosco na vida e na morte.
— Jesus, convosco quero viver, convosco quero morrer, convosco quero ressuscitar para sempre.
— Por vós, Senhor, perdoo e amo todas as pessoas, também aquelas que me odeiam ou não me amam.

De agradecimento

— Meu Deus, obrigado pelo dom da minha vida e por tudo o que construí de bom.
— Senhor, eu vos agradeço porque me fizestes vosso filho pelo santo Batismo.
— Senhor, obrigado pelo Espírito Santo que me destes na Crisma.
— Cristo Jesus, obrigado porque muitas vezes perdoastes os meus pecados pelo sacramento do perdão.

— Cristo Jesus, obrigado porque fostes na Eucaristia o alimento da minha caminhada por esta vida.
— Meu Deus, agradeço-vos porque me ajudais a fazer de minha morte uma oferta de amor e de gratidão a vós.
— Obrigado, Senhor, pela Igreja que me destes e pelos irmãos e irmãs que me ajudaram.

De súplica

— Meu Deus, tomai-me pelas mãos neste instante difícil.
— Senhor, fazei que minha vida não seja tirada, mas transformada.
— Senhor, vós sois o meu Pastor, conduzi-me por caminhos seguros.
— Meu Pai, estou crucificado com o Cristo na morte. Fazei-me ressuscitar com ele para a Vida.
— Senhor, a vós eu clamo de todo o coração: atendei a minha prece e vinde em meu socorro.
— Maria, Mãe santíssima, conduzi-me por vossas mãos até o vosso Filho Jesus.

— Santos e irmãos, que estais junto do Senhor, intercedei por mim e acompanhai-me até a face de Deus.

(Pode-se rezar pausadamente: Pai-nosso; Ave-Maria; Glória ao Pai; Salve, Rainha.)

Velório

Participar de um velório é também um grande gesto de caridade. Além da presença amiga no momento da dor, é um testemunho de fé cristã diante do mistério da morte.

É um momento oportuno para se convidar os presentes a se unirem em oração. Pequenos trechos da Palavra de Deus, lidos pausadamente, ajudam a refazer a esperança.

A oração confiante produz tranquilidade e traz a certeza da misericórdia divina.

Convite

— Irmãos e irmãs: N. morreu na paz de Cristo. Com fé e esperança na vida eterna, vamos recomendar este nosso irmão (esta nossa irmã) ao Pai de misericórdia. Vamos rezar também por todos nós, que estamos chorando e lamentando a perda de sua presença entre nós. Que um dia, juntos, possamos ir ao encontro de Cristo, quando ele vier para fazer-nos participar de sua glória para sempre.

Salmo 22

— Vamos rezar, repetindo que Cristo Jesus é o Pastor que nos conduz pelos caminhos desta e da outra vida.

— Vós sois meu Pastor, ó Senhor./ Conduzi-me por vossos caminhos!

— O Senhor é meu Pastor: não me falta nada;/ faz-me descansar em verdes prados,/ a águas tranquilas me conduz.

— Vós sois meu Pastor, ó Senhor./ Conduzi-me por vossos caminhos!

— Restaura minhas forças,/ guia-me pelo caminho certo,/ por amor do seu nome.

— Vós sois meu Pastor, ó Senhor./ Conduzi-me por vossos caminhos!

— Mesmo que eu tivesse de andar/ por um vale escuro,/ não temerei mal nenhum,/ pois comigo estás./ O teu bastão e teu cajado/ me dão a segurança.

— Vós sois meu Pastor, ó Senhor./ Conduzi-me por vossos caminhos!

— Diante de mim preparas uma mesa/ aos olhos de meus inimigos;/ unges com óleo minha cabeça,/ meu cálice transborda.

— Vós sois meu Pastor, ó Senhor./ Conduzi-me por vossos caminhos!

— Felicidade e graça vão me acompanhar/ todos os dias da minha vida,/ e vou morar na casa do Senhor/ por muitíssimos anos.

— Vós sois meu Pastor, ó Senhor./ Conduzi-me por vossos caminhos!

— Glória ao Pai...

Oração

— Jesus, nosso Senhor e Redentor, que morrestes para salvar todos os homens, a fim de que vencessem a morte e vivessem para sempre, olhai com bondade para os que choram e rezam por seu amigo e parente. Ó Senhor ressuscitado, que sois bom e misericordioso, não permitais que nosso irmão (nossa irmã) N. seja separado (a) de vós. Pelo poder do vosso amor, perdoai-lhe todos os pecados, dai-lhe a felicidade, a luz e a paz. Vós, que viveis e reinais para sempre.

— Amém.

Palavra de Deus

Vamos ouvir com atenção a grande promessa de vida que Jesus faz a todos nós, que nele cremos:

"Tudo o que o Pai me dá virá a mim, e não lançarei fora o que vem a mim, porque desci do céu, não para fazer a minha vontade, mas a vontade daquele que me enviou. E a vontade daquele que me enviou é esta: que eu não perca nenhum dos que ele me deu, mas que os ressuscite no último dia. Porque esta é a vontade do meu Pai: que todo o que vê o Filho, e nele crê, tenha a vida eterna; e eu o ressuscitarei no último dia" (Jo 6,37-40)

(Outros trechos que podem ser lidos: Sb 3,1-6; 4,7-15. Rm 6,3-9; 8,14-23; 8,31-39; 14,7-9. 2Cor 5,1-10. 1Jo 3,14-16. Mt 25,31-46. Jo 11,17-27; 12,23-28; 14,1-6; 17,24-26).

Oração dos fiéis

— Irmãos e irmãs: Rezemos a Deus, nosso Pai, intercedendo por todos os que necessitam da sua graça para encontrarem o caminho do Amor e da Vida.

— Por nosso irmão (nossa irmã) N., que recebeu no Batismo a semente da vida eterna, para que Deus lhe conceda viver para sempre junto com todos os santos, rezemos!

— Senhor, escutai a nossa prece!

— Pelos irmãos, parentes e amigos que nos precederam, para que recebam a recompensa de seus trabalhos, rezemos!

— Pelos parentes deste nosso irmão (desta nossa irmã), para que a fé nas promessas de Jesus lhes sirva de consolo e de força, rezemos!

— Por todos os que sofrem no corpo e na alma, para que nunca se julguem abandonados por Deus, mas que o percebam através da nossa presença e da nossa caridade, rezemos!

— Por todos nós, aqui reunidos na mesma fé e esperança, para que tenhamos a graça de caminhar nesta vida ao encontro de Deus e nos reunirmos para sempre na alegria do seu Reino, rezemos!

(Outras intenções)

— Senhor, Pai de misericórdia, dignai-vos acolher as nossas preces e dai a todos os homens a salvação em Jesus Cristo, Senhor nosso, que vive e reina para sempre.

— Amém.

Salve, Rainha

— Invoquemos Maria, Mãe de Jesus e nossa boa Mãe, para que ela tome pela mão este nosso irmão (esta nossa irmã) e o (a) conduza até seu Filho Jesus: Salve, Rainha...

Magnificat

— Usando as palavras de Nossa Senhora, agradeçamos ao bom Deus tudo o que realizou na vida deste nosso irmão (desta nossa irmã), que, pela graça de Deus, fez tanto bem enquanto estava conosco. Participemos da oração, repetindo o refrão:

— O todo-poderoso fez por mim grandes coisas. Santo é o seu nome!

— Minha alma engrandece o Senhor, e meu espírito se alegra em Deus, meu Salvador, porque ele olhou para a pobreza de sua serva. Por isso, daqui em diante, todas as gerações dirão que sou feliz.

— O todo-poderoso fez por mim grandes coisas. Santo é o seu nome!

— De geração em geração se estende a sua misericórdia sobre aqueles que o temem. Manifestou a força de seu braço e dispersouos homens de coração orgulhoso.

— O todo-poderoso fez por mim grandes coisas. Santo é o seu nome!

— Derrubou os poderosos de seus tronos e elevou os humildes. Enriqueceu de bens os famintos e despediu os ricos de mãos vazias.

— O todo-poderoso fez por mim grandes coisas. Santo é o seu nome!

— Socorreu seu servo Israel, lembrando-se de sua misericórdia, conforme tinha prometido a nossos pais, a Abraão e a seus filhos para sempre.

— O todo-poderoso fez por mim grandes coisas. Santo é o seu nome!

— Glória ao Pai...

Oração final

Pai santo, nós vos pedimos que lá, onde está Jesus, esteja também este irmão (esta irmã), que vós incorporastes ao vosso Filho pelos sacramentos do Batismo, da Crisma, da Eucaristia e pela vida de fé. Que possa contemplar a glória que destes a Jesus ressuscitado e dela participar, porque vós o (a) amais desde antes da criação do mundo.

Tudo isso nós vos pedimos por meio de nosso Senhor Jesus Cristo, vosso Filho, que vive e reina para sempre.

— Amém.

— Que o Senhor nos abençoe, guarde-nos de todo mal e nos conduza à vida eterna.

— Amém.

— Dai-lhe, Senhor, o repouso eterno.

— Brilhe para ele (ela) a vossa luz.

— Descanse em paz.

— Amém.

(Conforme o ambiente, podem-se cantar cânticos apropriados durante a oração. Veja a parte de cânticos neste manual.)

Outras maneiras de participar na comunidade

Há muitas maneiras de tornar a sua vida cristã mais participativa e proveitosa para a comunidade. A catequese, por exemplo, é fundamental numa paróquia. É só colocar-se à disposição do pároco e seguir a orientação dele. E existem tantas outras "pastorais" nas paróquias necessitando de colaboradores. E por que não aparecem?... Falta de amor?... Medo de doar-se?...

Fica aqui o nosso apelo: "Engaje-se" na sua comunidade e faça sua vida cristã crescer e produzir muitos frutos!

No trabalho

Um ambiente propício para testemunharmos nossa vida cristã e atuarmos positivamente como evangelizadores é o nosso local de trabalho. É onde passamos a maior parte do nosso dia. É onde temos as melhores oportunidades de exercer a fraternidade, a solidariedade, a amizade, a compreensão, o perdão, o respeito à pessoa humana, o senso do dever, a responsabilidade, o reconhecimento das boas qualidades dos outros, o senso de justiça e muitas outras virtudes que engrandecem uma pessoa e, principalmente, ajudam o cristão a santificar-se.

Seja um bom profissional no seu trabalho, um bom empregado para o seu patrão e um ótimo colega para seus companheiros. Isso é dar testemunho de vida cristã.

Na sociedade

A nossa missão como cristãos só será completa se assumirmos o nosso papel de cidadãos na sociedade em que vivemos e atuarmos positivamente no meio social que frequentamos.

É na sociedade que devemos atuar como "sal da terra", como "luz do mundo" e como "fermento na massa". E a Igreja tem insistido tanto ultimamente na missão do cristão leigo no mundo, para que ajudemos eficazmente a construir uma sociedade mais justa, mais fraterna e mais santa. É preciso que acreditemos na transformação do mundo e que façamos a nossa parte, para que se torne realidade.

Um dos campos em que a atuação do cristão leigo na sociedade se torna indispensável é a Política. É tão importante, que a CNBB elaborou e executou uma Campanha da Fraternidade com o tema *Fraternidade e Política.* Uma vez que a Política deve estar a serviço do *bem comum*, para alcançar este objetivo ela precisa ser iluminada pelo Evangelho e pelos princípios fundamentais dos direitos humanos. Sendo assim, o cristão leigo não pode negar-se a atuar na Política.

Logicamente, como em qualquer atividade humana, a atuação na Política exige qualidades pessoais específicas e preparação adequada. Por isso, é importante que as comunidades despertem líderes que se preparem e possam atuar de maneira positiva e eficaz na Política. Mas, de qualquer forma, é importante que todos nós tenhamos a verdadeira consciência política, para exercermos corretamente o direito de voto e sabermos escolher nossos políticos.

Voltando ao Pai

"Bendito seja Deus e Pai de nosso Senhor Jesus Cristo! Do alto do céu ele nos abençoou em Cristo com toda sorte de bênçãos espirituais. Em Cristo ele nos escolheu antes de criar o mundo, para sermos santos e perfeitos aos seus olhos no amor" (Ef 1,3-4).

Estas palavras do apóstolo São Paulo nos ensinam que cada um de nós é um projeto especial de Deus. Antes de criar o mundo, ele nos escolheu. E o seu plano é que sejamos santos e perfeitos aos seus olhos, no AMOR. Isso quer dizer que *saímos* de Deus e vamos *voltar* para Deus.

Esta verdade nos coloca no final de nossa existência neste mundo e diante das portas da eternidade, da "vida do mundo que há de vir". É importante, bom e salutar pensarmos na *volta ao Pai.*

(Para ajudar a refletir, veja na Quinta Parte — Temas e leituras — os temas fundamentais da nossa fé e as indicações de leituras da Bíblia para cada tema: Pág. ... e ss.)

SÉTIMA PARTE

CÂNTICOS

Cânticos a Nossa Senhora

1. VIVA A MÃE DE DEUS

EPD 0044 - J. V. Azevedo

Viva a Mãe de Deus e nossa,/ sem pecado concebida!/ Viva a Virgem Imaculada,/ a Senhora Aparecida.

1. Aqui estão vossos devotos,/ cheios de fé incendida,/ de conforto e de esperança,/ ó Senhora Aparecida!

2. Virgem Santa, Virgem bela,/ Mãe amável, Mãe querida,/ amparai-nos, socorrei-nos,/ ó Senhora Aparecida.

3. Protegei a santa Igreja,/ ó Mãe terna e compadecida,/ protegei a nossa Pátria,/ ó Senhora Aparecida!

4. Amparai a todo clero,/ em sua terrena lida,/ para o bem dos pecadores,/ ó Senhora Aparecida!

5. Velai por nossas famílias,/ pela infância desvalida,/ pelo povo brasileiro,/ ó Senhora Aparecida!

2. DAI-NOS A BÊNÇÃO

Dai-nos a bênção, ó Mãe querida,/ Nossa Senhora Aparecida.

1. Sob esse manto do azul do céu,/ guardai-nos sempre no amor de Deus.
2. Eu me consagro ao vosso amor,/ ó Mãe querida, do Salvador.

3. GRAÇAS VOS DAMOS

EPD 0042

1. Graças vos damos, Senhora,/ Virgem por Deus escolhida,/ para Mãe do Redentor,/ ó Senhora Aparecida.
2. Louvemos sempre a Maria,/ Mãe de Deus, autor da vida./ Louvemos com alegria/ a Senhora Aparecida.
3. Como a rosa entre os espinhos,/ de graças enriquecida,/ sempre foi pura e sem mancha/ a Senhora Aparecida.
4. Se quisermos ser felizes,/ nesta e na outra vida,/ sejamos sempre devotos/ da Senhora Aparecida.
5. E na hora derradeira,/ ao sairmos desta vida,/ rogai a Deus por nós,/ Virgem Mãe Aparecida.

6. É nossa Co-Redentora!/ É por Deus favorecida,/ é por nós sempre louvada/ a Senhora Aparecida.
7. Seja, pois, sempre bendita/ a Virgem esclarecida;/ mil louvores sejam dados/ à Senhora Aparecida.

4. SENHORA APARECIDA, GUIAI A NOSSA SORTE

Senhora Aparecida,/ guiai a nossa sorte,/ ó doce Mãe querida,/ na vida e na morte. (bis)
1. Senhora Aparecida,/ Virgem-Mãe imaculada,/ nos combates desta vida,/ sede nossa advogada!/
2. Senhora Aparecida,/ terna esposa de José,/ em nossa alma arrependida/ infundi amor e fé.
3. Senhora Aparecida,/ doce Mãe do Redentor,/ valei-nos, compadecida,/ na tristeza e na dor.
4. Senhora Aparecida,/ todo o povo vos bendiz,/ sem pecado concebida,/ pois Jesus por Mãe vos quis.
5. Senhora Aparecida,/ vós, que os enfermos curais,/ por todos engrandecida,/ bendita sempre sejais!

5. VIRGEM MÃE APARECIDA

Pe. João B. Lehmann

1. Virgem Mãe Aparecida,/ estendei o vosso olhar/ sobre o chão de nossa vida,/ sobre nós e nosso lar.

Virgem Mãe Aparecida,/ nossa vida e nossa luz,/ dai-nos sempre nesta vida/ paz e amor no bom Jesus.

2. Estendei os vossos braços/ que trazeis no peito em cruz,/ para nos guiar os passos/ para o reino de Jesus.

3. Desta vida nos extremos/ trazei paz, trazei perdão/ a nós, Mãe, que vos trazemos/ com amor no coração.

6. EIA, POVO DEVOTO A CAMINHO

1. Eia, povo devoto, a caminho,/ sob a vista bondosa de Deus!/ Vamos todos levar nosso preito/ à bendita Rainha dos céus!

Salve, ó Virgem, Mãe piedosa,/ salve, estrela formosa do mar./ Santa Mãe Aparecida,/ sobre nós lançai vosso olhar! (bis)

2. Lindas flores lancemos, contentes,/ sobre a fronte da Mãe de Jesus,/ para que ela nos mostre o caminho,/ que à paragem celeste conduz.

3. Nossas almas desfiram, ferventes,/ sobre a terra e as águas do mar,/ lindos hinos de amor, procurando/ a Rainha dos céus exaltar.
4. Nossa vida será mais tranquila,/ toda cheia de flores e luz,/ se nós formos buscar doce abrigo/ sob o manto da Mãe de Jesus.

7. AO TRONO ACORRENDO

1. Ao trono acorrendo da Virgem Maria,/ exulta o Brasil de amor e alegria.
Ave, Ave, Ave, Maria!/ Nossa Senhora Aparecida!
2. Dois séculos faz, à terra Ela vinha,/ dos nossos afetos ser doce Rainha.
3. O rio Paraíba recebe o favor/ de imenso tesouro: A Mãe do Senhor.
4. Nas curvas de um M, no rio brasileiro,/ Maria aparece à luz do Cruzeiro.
5. Maria na rede de três pescadores/ vem ser prisioneira de nossos amores.
6. E a santa Senhora em tosco altarzinho/ é logo cercada de prece e carinho.
7. Na reza do terço, prodígio sem par!/ Por si se acenderam as velas do altar.

8. SANTA MÃE MARIA

1. Santa Mãe Maria, nessa travessia,/ cubra-nos teu manto cor de anil./ Guarda nossa vida, Mãe Aparecida,/ Santa Padroeira do Brasil.

Ave, Maria! Ave, Maria!

2. Com amor divino guarda os peregrinos/ nesta caminhada para o além./ Dá-lhes companhia, pois também um dia/ foste peregrina de Belém.

3. Mulher peregrina, força feminina,/ a mais importante que existiu./
Com justiça queres que nossas mulheres/ sejam construtoras do Brasil.

4. Com seus passos lentos,/ enfrentando os ventos, quando sopram noutra direção./ Toda a Mãe Igreja pede que tu sejas/ companheira de Libertação.

9. SENHORA E MÃE APARECIDA

1. Senhora e Mãe Aparecida,

Maria, clamamos a vós!

Nos céus a Trindade vos louva,/ saúdam-vos todos os Santos./ Os coros dos Anjos repetem,/ a Santa Igreja aclama:/ Bendita sois entre as mulheres!/ Lá nos céus,

Rogai a Deus por nós!

2. Sois Virgem a Deus consagrada,

Maria, clamamos a vós!

Maria, sois imaculada,/ vós sois Mãe de Deus feito homem./ Vós fostes aos céus elevada,/ vós sois Medianeira das graças,/ vós sois Mãe querida da Igreja!

3. Vós sois a Rainha da Pátria,

Maria, clamamos a vós!

Do povo sois Mãe e Padroeira,/ da fé sois fiel defensora./ Sois causa da nossa esperança,/ sois Mãe do amor verdadeiro,/ sois fonte de toda virtude!

4. Ó Mãe, protegei nossos lares,

Maria, clamamos a vós!

Ó Mãe, amparai os idosos;/ ó Mãe, dirigi nossos jovens;/ ó Mãe, defendei as crianças;/ ó Mãe, convertei os que erram;/ ó Mãe, socorrei os que sofrem!

5. Vós sois o auxílio dos pobres,

Maria, clamamos a vós!

Sois vós dos enfermos saúde,/ sois nosso perpétuo socorro./ Senhora, guiai os Romeiros,/ velai pela vossa cidade,/ a todos lançai vossa bênção!

10. PELAS ESTRADAS DA VIDA

EPD 0305 - M. Espinosa

1. Pelas estradas da vida/ nunca sozinho estás./ Contigo, pelo caminho,/ Santa Maria vai.

Ó, vem conosco, vem caminhar,/ Santa Maria, vem! (bis)

2. Se pelo mundo os homens/ sem conhecer-se vão,/ não negues nunca a tua mão/ a quem te encontrar.

3. Mesmo que digam os homens:/ tu nada podes mudar,/ luta por um mundo novo/ de unidade e paz.

4. Se parecer tua vida/ inútil caminhar,/ lembra que abres caminho./ Outros te seguirão.

11. DOCE CORAÇÃO DE MARIA

Doce coração de Maria, sede a nossa salvação. (bis)

1. Quando corporal doença/ nos causar grave aflição:

2. Quando de Satã maldito/ nos vier a tentação:

3. Quando a dúvida maligna/ nos turbar o coração:

4. Se a vergonha impedir-nos/ de fazer boa confissão:

5. Quando, na medonha morte,/ vos pedirmos proteção:
6. Quando chegarmos ao juízo,/ temendo a condenação:

12. BENDITA SEJAIS

Bendita sejais, Senhora das Dores!/ Ouvi nossos rogos, Mãe dos pecadores.

1. Ó Mãe dolorosa, que aflita chorais,/ repleta de dores, bendita sejais!
2. Manda Deus um anjo dizer que fujais/ do bárbaro Herodes, bendita sejais!
3. Que espada pungente vós experimentais,/ que o peito vos vara, bendita sejais!
4. Saindo do templo, Jesus não achais./ Que susto sofrestes! Bendita sejais!
5. Que tristes suspiros, então não lançais,/ que chegam aos céus! Bendita sejais!
6. Das lágrimas ternas, que assim derramais,/ nós somos a causa, bendita sejais!
7. Que dor tão cruel, quando o encontrais/ com a cruz às costas, bendita sejais!
8. O amado Jesus vós acompanhais/ até o Calvário, bendita sejais!

9. Entre dois ladrões, Jesus divisais/ pendente dos cravos, bendita sejais!

Bendita sejais, Senhora das Dores!/ Ouvi nossos rogos, Mãe dos pecadores.

10. A dor inda cresce quando reparais/ que expira Jesus, bendita sejais!

11. A todos que passam triste perguntais/ se há dor como a vossa, bendita sejais!

12. No vosso regaço seu corpo aceitais./ Sobre ele chorando, bendita sejais!

13. Com rogos e preces, vós o entregais/ para o sepultarem, bendita sejais!

14. Sem filho e tal filho, então suportais/ cruel soledade, bendita sejais!

15. Em triste abandono, Senhora, ficais,/ sem vosso Jesus, bendita sejais!

13. SOCORREI-NOS, Ó MARIA

1. Socorrei-nos, ó Maria,/ noite e dia, sem cessar!/ Os doentes e os aflitos/ vinde, vinde consolar!

Vosso olhar a nós, volvei,/ vossos filhos protegei!/ Ó Maria, ó Maria!/ Vossos filhos socorrei!

2. Dai saúde ao corpo enfermo,/ dai coragem na aflição!/ Sê a nossa doce estrela/ a brilhar na escuridão.

3. Que tenhamos cada dia/ pão e paz em nosso lar;/ e de Deus a santa graça/ vos pedimos neste altar.
4. Convertei os pecadores,/ para que voltem para Deus!/ Dos transviados sede guia/ no caminho para os céus.
5. Nas angústias e receios,/ sede, ó Mãe, a nossa luz!/ Dai-nos sempre fé e confiança/ no amor do bom Jesus.

14. MARIA DE NAZARÉ

COMEP 0288 - Pe. Zezinho, S.C.J.

1. Maria de Nazaré,/ Maria me cativou./ Fez mais forte a minha fé/ e por filho me adotou./ Às vezes eu paro e fico a pensar/ e sem perceber me vejo a rezar;/ o meu coração se põe a cantar/ pra Virgem de Nazaré./ Menina que Deus amou e escolheu/ pra Mãe de Jesus, o Filho de Deus./ Maria que o povo inteiro elegeu/ Senhora e Mãe do céu.

Ave, Maria! Ave, Maria! Ave, Maria! Mãe de Jesus!

2. Maria que eu quero bem,/ Maria do puro amor./ Igual a você ninguém,/ Mãe pura do meu Senhor./ Em cada mulher que a terra

criou/ um traço de Deus Maria deixou,/ um sonho de Mãe Maria plantou/ pro mundo encontrar a paz./ Maria que fez o Cristo falar,/ Maria que fez Jesus caminhar,/ Maria que só viveu pra seu Deus,/ Maria do povo meu.

15. COM MINHA MÃE ESTAREI

1. Com minha Mãe estarei/ na santa glória um dia,/ junto à Virgem Maria,/ no céu triunfarei.

No céu, no céu, com minha Mãe estarei. (bis)

2. Com minha Mãe estarei:/ palavra deliciosa,/ que em hora trabalhosa/ sempre recordarei.
3. Com minha Mãe estarei!/ E que bela coroa/ de Mãe tão terna e boa/ feliz receberei!
4. Com minha Mãe estarei/ e sempre, neste exílio,/ de seu piedoso auxílio/ com fé me valerei.

16. A TREZE DE MAIO

1. A treze de maio, na cova da Iria,/ nos céus aparece a Virgem Maria.

Ave, ave, ave, Maria!/ Ave, ave, ave, Maria!

2. A três pastorinhos, cercada de luz,/ visita Maria, a Mãe de Jesus.
3. Um susto tiveram, ao verem tal luz;/ mas logo a Senhora à paz os reconduz.

4. Então perguntaram que nome era o seu;/ a Virgem lhes diz que viera do céu.
5. Vivamos sem mancha, cristãos, sem labéu,/ que a Virgem nos guia a todos pro céu.

17. ADEUS, Ó VIRGEM SANTA

1. Adeus, ó Virgem Santa!/ Ó Mãe do Redentor!/ Adeus, supremo anseio/ do meu sincero amor.
2. Aqui em teu santuário,/ deixando o coração,/ eu peço me acompanhe/ a tua proteção.
3. Adeus, adeus, adeus,/ adeus, ó Mãe querida!/ Eu te dei minha vida,/ de ti espero o céu.
4. Não falte em minha vida/ tua bênção maternal./ Saúde dos enfermos,/ protege-me do mal!
5. O teu olhar bendito/ saudoso eu vou deixar./ Oh! deixa-me que volte/ teus olhos contemplar.

18. Ó VIRGEM APARECIDA

Pe. Isaac Lorena, C.Ss.R.

Ó Virgem Aparecida,/ vim trazer-te meu coração./ Ele é tudo o que tenho na vida,/ nele está meu amor e gratidão. (bis)

Nele verás, Mãe querida,/ muito espinho de pranto e de dor;/ põe, ó Virgem, em cada ferida/ uma gota de teu grande amor.

19. LOUVANDO A MARIA

EPD 0042

1. Louvando Maria, o povo fiel/ a voz repetia de São Gabriel:

Ave, Ave, Ave, Maria! (bis)

2. O anjo, descendo num raio de luz,/ feliz Bernadete à fonte conduz.

3. A brisa que passa aviso lhe deu/ que uma hora de graça soara no céu.

4. Em Massabiele, vê logo brilhar/ a luz que anuncia da aurora o raiar.

5. Em um rosto suave, brilhando de amor,/ que cerca uma nuvem de belo esplendor.

20. OH! VINDE E VAMOS TODOS

Costamagna

Oh! vinde e vamos todos/ com flores à porfia,/ com flores a Maria, que é nossa amável Mãe!

1. De novo aqui estamos,/ puríssima donzela./ E mais que a lua bela,/ prostradas a teus pés.

2. Acredita, Auxiliadora!/ As nossas pobres flores,/ colhidas nos fervores/ do teu risonho mês!

3. São lírios de pureza,/ de amor fragrantes rosas,/ violetas humildosas,/ Senhora, bem o vês!

21. IMACULADA MARIA DE DEUS

EP 4519-5 - Letra: J. Thomaz Filho; Música: Fr. Fabreti

Imaculada Maria de Deus,/ coração pobre acolhendo Jesus!/ Imaculada Maria do povo,/ Mãe dos aflitos que estão junto à cruz!

1. Um coração que era sim para a vida,/ um coração que era sim para o irmão,/ um coração que era sim para Deus,/ Reino de Deus renovando este chão.

2. Olhos abertos pra sede do povo,/ passo bem firme que o medo desterra,/ mãos estendidas que os tronos renegam,/ Reino de Deus que renova esta terra.

3. Faça-se, ó Pai, vossa plena vontade;/ que os nossos passos se tornem memória/ do amor fiel que Maria gerou;/ Reino de Deus atuando na História.

22. MARIA O MAGNIFICAT CANTOU

1. Maria o Magnificat cantou./ E com ela também nós vamos cantar./ Pão e vida é o brado de um Brasil/ que de norte a sul se uniu/ para o Cristo celebrar.

Aparecida é a Mãe do pescador,/ é a Mãe do Salvador,/ é a Mãe de todos nós.

2. Maria o Magnificat cantou./ E com ela também nós vamos cantar,/ protegendo e defendendo nosso irmão,/ que merece peixe e pão/ pra sua fome saciar.

3. Maria o Magnificat cantou./ E com ela também nós vamos cantar,/ nos unindo para a Ceia do Senhor,/ com Jesus, o Salvador,/ de mãos dadas com o irmão.

4. Maria o Magnificat cantou./ E com ela também nós vamos cantar./ O amor que, se fazendo refeição,/ sobre a mesa é vinho e pão,/ é corpo do Senhor.

5. Maria o Magnificat cantou./ E com ela também nós vamos cantar,/ implorando pelo povo sofredor/ que, por falta de amor,/ nada tem para comer.

6. Maria o Magnificat cantou./ E com ela também nós vamos cantar./ De mãos dadas mais um ano passaremos/ e jamais esqueceremos/ desta Mãe que nos uniu.

23. SALVE, EM VOSSA IMAGEM

1. Salve, em vossa imagem, ó grande Rainha,/ Mãe do Redentor, Mãe de Deus e minha.

Salve, Maria!/ Nossa Senhora Aparecida!/ Salve!
2. Mãe Aparecida, tens do escravo a cor,/ para nos lembrar do Libertador.
3. Mãe Aparecida, salva a nossa terra,/ e no manto azul meu Brasil encerra.

24. AVE, CHEIA DE GRAÇA

COMEP 4519 - Pe. José Freitas Campos

Ave, cheia de graça,/ Ave, cheia de amor!/ Salve, ó Mãe de Jesus./ A ti nosso canto e nosso louvor! (bis)
1. Mãe do Criador, **rogai!** Mãe do Salvador, **rogai!** Do Libertador, **rogai por nós!** Mãe dos oprimidos, **rogai!** Mãe dos esquecidos, **rogai!** Dos desvalidos, **rogai por nós!**
Ave, cheia de graça...
2. Mãe do boia-fria, **rogai!** Causa da alegria, **rogai!** Mãe das Mães, Maria, **rogai por nós!** Mãe dos humilhados, **rogai!** Dos martirizados, **rogai!** Marginalizados, **rogai por nós! Ave, cheia de graça...**
3. Mãe dos despejados, **rogai!** Dos abandonados, **rogai!** Dos desempregados, **rogai por nós!** Mãe dos pescadores, **rogai!** Dos agri-

cultores, **rogai!** Santos e Doutores, **rogai por nós!**

Ave, cheia de graça...

4. Mãe do céu clemente, **rogai!** Mãe dos doentes, **rogai!** Do menor carente, **rogai por nós!** Mãe dos operários, **rogai!** Dos presidiários, **rogai!** Dos sem salários, **rogai por nós!**

25. NESSA CURVA DO RIO, TÃO MANSA,

(Hino Oficial do XI Congresso Eucarístico Nacional - Aparecida) Letra: Pe. Lúcio Floro

1. Nessa curva do rio, tão mansa,/ onde o pobre seu pão foi buscar,/ o Brasil encontrou a Esperança:/ esta Mãe que por nós vem rezar!

O mistério supremo do Amor/ com Maria viemos cantar!/ A nossa alma engrandece o Senhor!/ Deus que salva hoje é Pão neste altar!

2. Nosso altar tem um jeito de mesa,/ e aqui somos um só coração./ Que esta festa nos dê a certeza:/ não teremos mais mesa sem pão!

3. Quando o vinho faltou, foi Maria/ que em Caná fez a prece eficaz./ Nosso povo aqui veio e confia:/ quer seu pão e ter voz e ter paz.

4. Há soberbos num trono com tudo.../ e há pobres sem nada no chão.../ Deus é Pai, ela é Mãe! Não me iludo:/ Não és rico, nem pobre, és irmão!

Cânticos diversos

26. SENHOR, QUEM ENTRARÁ
EPD 0367

1. Senhor, quem entrará no santuário pra te louvar? (bis)/ Quem tem as mãos limpas e o coração puro,/ quem não é vaidoso e sabe amar. (bis)
2. Senhor, eu quero entrar no santuário pra te louvar. (bis)/ Oh, dá-me mãos limpas e um coração puro,/ arranca a vaidade, ensina-me a amar. (bis)
3. Senhor, já posso entrar no santuário pra te louvar. (bis)/ Teu sangue me lava, teu fogo me queima,/ o Espírito Santo inunda meu ser. (bis)

27. MEU DEUS, LOGO MURCHOU

1. Meu Deus, logo murchou, logo secou a flor da inocência!/ Meu Deus, logo chegou e me assaltou extrema indigência.

Perdoai, Senhor, por piedade,/ perdoai a minha maldade, Senhor!/ Antes sofrer, antes morrer, que vos ofender!
2. Deixei de Deus a lei, e me entreguei a toda maldade./ Deixei de Deus a lei, e me afastei da felicidade.
3. Perdi, com vosso amor, d'alma o candor, eterna riqueza./ Perdi, com vosso amor, certo penhor de imortal grandeza.

28. GLÓRIA A DEUS NAS ALTURAS

DDEP 3908 - Letra: J. Thomaz Filho; Música: Fr. Frabeti

Glória a Deus nas alturas,/ glória, glória, aleluia!/ Glória a Deus, paz na terra,/ glória, glória, aleluia!/ Glória, glória nos céus!/ Paz na terra entre os homens! (bis)
1. Glória a Deus! Glória ao Pai!/ Glória a Deus criador,/ que no Filho tornou-se/ o Senhor Deus da vida!
2. Glória a Deus! Glória ao Filho!/ Glória a Deus, nosso irmão!/ Nos remiu do pecado,/ nos abriu novo Reino.
3. Glória ao Espírito Santo,/ Deus que nos santifica!/ Glória a Deus que nos une/ a caminho do Pai.

4. Glória a Deus, uno e santo:/ Pai, Espírito e Filho!/ Glória a Deus, uno e trino!/ Glória ao Deus comunhão!

29. VAI FALAR NO EVANGELHO

SV 030 - Ir. Míria T. Colling

1. Vai falar no Evangelho/ Jesus Cristo, aleluia!/ Sua Palavra é alimento/ que dá vida, aleluia!

Glória a ti, Senhor,/ toda a graça e louvor! (bis)

2. A mensagem da alegria/ ouviremos, aleluia!/ De Deus as maravilhas/ cantaremos, aleluia!

30. OFERTAS SINGELAS

EPD 0213 - Sílvio Antônio Turco

1. Ofertas singelas, pão e vinho/ sobre a mesa colocamos;/ sinal do trabalho que fizemos/ e aqui depositamos.

É teu também nosso coração./ Aceita, Senhor, a nossa oferta,/ que será depois na certa/ o teu próprio ser. (bis)

2. Recebe, Senhor, da natureza/ todo o fruto que colhemos./ Recebe o louvor de nossas obras/ e o progresso que fizemos!

3. Sabemos que tudo tem valor/ depois que a terra visitaste./ Embora tivéssemos pecado,/ foi bem mais o que pagaste.
É teu também nosso coração./ Aceita, Senhor, a nossa oferta,/ que será depois na certa/ o teu próprio ser. (bis)

31. SANTO... É O SENHOR DA LUZ

Pe. Zezinho, S.C.J.

Santo, Santo, Santo é o Senhor da luz./ Santo, Santo, Santo é o Senhor Jesus!
Numa canção sideral/ de um hosana total/ a criação se extasia; o céu e a terra também/ entoam seu grande amém.
Bendito é Aquele que vem,/ Aquele que vem, Aquele que vem,/ em nome da luz.
Bendito é Aquele que tem,/ Aquele que tem, Aquele que tem/ a paz, nosso Senhor Jesus.

32. EU VIM PARA QUE TODOS TENHAM VIDA

Pe. José Weber

Eu vim para que todos tenham vida,/ que todos tenham vida plenamente.

1. Reconstrói a tua vida/ em comunhão com teu Senhor,/ reconstrói a tua vida/ em comunhão com teu irmão./ Onde está o teu irmão,/ eu estou presente nele.
2. Quem comer o pão da vida/ viverá eternamente./ Tenho pena deste povo/ que não tem o que comer./ Onde está um irmão com fome,/ eu estou com fome nele.
3. Eu passei fazendo o bem,/ eu curei todos os males./ Hoje és minha esperança/ junto a todo sofredor./ Onde sofre o teu irmão,/ eu estou sofrendo nele.
4. Entreguei a minha vida/ pela salvação de todos./ Reconstrói, protege a vida/ de indefesos e inocentes./ Onde morre teu irmão,/ eu estou morrendo nele.
5. Vim buscar e vim salvar/ o que estava já perdido./ Busca, salva e reconduz/ a quem perdeu toda esperança./ Onde salvas teu irmão,/ tu me estás salvando nele.
6. Não apago o fogo tênue/ do pavio que ainda fumega./ Reconstrói e reanima/ toda vida que se apaga./ Onde vive o teu irmão,/ eu estou vivendo nele.

7. Este pão, meu corpo e vida/ para a salvação do mundo,/ é presença e alimento/ nesta santa comunhão./ Onde está o teu irmão,/ eu estou também com ele.

Eu vim para que todos tenham vida,/ que todos tenham vida plenamente.

8. Salvará a sua vida/ quem a perde, quem a doa./ Eu não deixo perecer/ nenhum daqueles que são meus./ Onde salvas teu irmão,/ tu me estás salvando nele.

33. VEM, ESPÍRITO SANTO, VEM

Fr Sperandio

Vem, Espírito Santo, vem, vem iluminar.

1. Nossos caminhos vem iluminar./ Nossas ideias vem iluminar./ Nossas angústias vem iluminar./ As incertezas vem iluminar.

2. Nosso encontro vem iluminar./ Nossa história vem iluminar./ Toda a Igreja vem iluminar./ A humanidade vem iluminar.

34. PECADOR, AGORA É TEMPO

1. Pecador, agora é tempo/ de contrição e de temor;/ serve a Deus, despreza o mundo;/ já não sejas pecador.

2. Passam meses, passam anos,/ sem que busques teu Senhor;/ de um dia para o outro,/ assim morre o pecador.
3. Misericórdia vos pedimos,/ misericórdia, Redentor;/ pela Virgem, Mãe das Dores,/ perdoai, Deus de amor!
4. Vais de pecado em pecado,/ vais de horror em horror;/ agora, filho, que é tempo,/ já não sejas pecador.

35. A MORRER CRUCIFICADO

1. A morrer crucificado,/ teu Jesus é condenado/ por teus crimes, pecador.
Pela Virgem dolorosa,/ vossa Mãe tão piedosa,/ perdoai-me, meu Jesus!
2. Com a cruz é carregado,/ e do peso acabrunhado,/ vai morrer por teu amor.
3. Pela cruz tão oprimido,/ cai Jesus desfalecido,/ pela tua salvação.
4. De Maria lacrimosa,/ no encontro lastimosa,/ vê a viva compaixão.
5. Em extremo desmaiado,/ de Simão, obrigado,/ aceita confortação.
6. O seu rosto ensanguentado,/ por Verônica enxugado,/ contemplamos com amor.

7. Outra vez desfalecido,/ pelas dores abatido,/ cai por terra o Salvador.

Pela Virgem dolorosa,/ vossa Mãe tão piedosa,/ perdoai-me, meu Jesus!

8. Das matronas piedosas,/ de Sião filhas chorosas,/ é Jesus consolador.

9. Cai terceira vez prostrado,/ pelo peso redobrado/ dos pecados e da cruz.

10. Dos vestidos despojado,/ todo chagado e pisado,/ eu vos vejo, meu Jesus.

11. Sois por mim na cruz pregado,/ insultado, blasfemado,/ com cegueira e com furor.

12. Meu Jesus, por mim morrestes,/ por meus crimes padecestes./ Oh! que grande é minha dor!

13. Do madeiro vos tiraram/ e à Mãe vos entregaram,/ com que dor e compaixão.

14. No sepulcro vos deixaram,/ sepultado vos choraram,/ magoado o coração.

15. Meu Jesus, por vossos passos,/ recebei em vossos braços/ a mim pobre pecador.

36. CORAÇÃO SANTO

Coração Santo,/ tu reinarás;/ o nosso encanto/ sempre serás. (bis)

1. Jesus amável, Jesus piedoso,/ Pai amoroso, frágua de amor./ A teus pés venho, se tu me deixas,/ sentidas queixas humilde expor.
2. Divino peito, que amor inflamas,/ que em viva chama ardendo estás,/ olha esta terra, tão desolada,/ e abrasada logo a verás.
3. Estende, pois, teu suave fogo,/ e tudo logo se inflamará./ Mais tempo a terra no mal sumida e endurecida não ficará.
4. Teu sacro fogo, amor ardente,/ como consente tão grande mal?/ Ao Brasil chegue tua bondade/ e caridade, Rei divinal!

37. QUE NENHUMA FAMÍLIA

(Pe. Zezinho, S.C.J.)

1. Que nenhuma família comece em qualquer de repente,/ que nenhuma família termine por falta de amor./ Que o casal seja um para o outro de corpo e de mente,/ e que nada no mundo separe o casal sonhador.
2. Que nenhuma família se abrigue debaixo da ponte,/ que ninguém interfira no lar e na vida dos dois./ Que ninguém os obrigue a viver sem nenhum horizonte./ Que eles vivam do ontem, no hoje e em função de um depois.

Que a família comece e termine sabendo onde vai./ E que o homem carregue nos ombros a graça de um pai./ Que a mulher seja um céu de ternura, aconchego e calor,/ e que os filhos conheçam a força que brota do amor./ Abençoa, Senhor, as famílias, amém./ Abençoa, Senhor, a minha também. (bis)

3. Que o marido e mulher tenham força de amar sem medida./ Que ninguém vá dormir sem pedir ou sem dar seu perdão./ Que as crianças aprendam no colo o sentido da vida./ Que a família celebre a partilha do abraço e do pão.

4. Que marido e mulher não se traiam nem traiam seus filhos./ Que o ciúme não mate a certeza do amor entre os dois./ Que no seu firmamento a estrela que tem maior brilho/ seja a firme esperança de um céu aqui mesmo e depois.

Que a família comece e termine...

38. NINGUÉM TE AMA COMO EU

(Martin Valverde)

1. Tenho esperado este momento,/ tenho esperado que viesses a mim./ Tenho esperado que me fales,/ tenho esperado que estivesses assim./ Eu sei bem o que tens vivido,/ sei também que

tens chorado./ Eu seu bem que tens sofrido,/ pois permaneço ao teu lado.
Ninguém te ama como eu. (bis)/ **Olhe pra cruz, esta é minha grande prova./ Ninguém te ama como eu,/ ninguém te ama como eu.** (bis)/ **Olhe pra cruz, foi por ti, porque te amo,/ ninguém te ama como eu.**
2. Eu sei bem o que me dizes./ Ainda que nunca me fales,/ eu sei bem o que tens sentido./ Ainda que nunca me reveles,/ tenho andado ao teu lado,/ junto a ti permanecido./ Eu te levo em meus braços,/ pois sou teu melhor amigo. **Ninguém te ama...**

39. NOVAS TODAS AS COISAS

(Eugênio Jorge)

Eis que faço novas todas as coisas,/ que faço novas todas as coisas,/ que faço novas todas as coisas. (bis)
1. É vida que brota da vida,/ é fruto que cresce no amor./ É vida que vence a morte,/ é vida que vem do Senhor. (bis)
2. Deixei o sepulcro vazio,/ a morte não me segurou./ A pedra que então me prendia/ no terceiro dia rolou. (bis)

3. Eu hoje lhe dou vida nova,/ renovo a ti o amor;/ lhe dou uma nova esperança,/ tudo que era velho passou. (bis)

40. TE AMAREI

(LP Louvemos ao Senhor 7 - D.R.)

1. Me chamaste para caminhar na vida contigo,/ decidi para sempre seguir-te, não voltar atrás./ Me puseste uma brasa no peito e uma flecha na alma,/ é difícil agora viver sem lembrar-me te ti.

Te amarei, Senhor, te amarei, Senhor;/ eu só encontro a paz e a alegria bem perto de ti. (bis)

2. Eu pensei muitas vezes calar e não dar nem resposta,/ eu pensei na fuga esconder-me, ir longe de ti./ Mas tua força venceu e ao final eu fiquei seduzido,/ é difícil agora viver sem saudades de ti.

3. Jesus, não me deixes jamais caminhar solitário,/ pois conheces a minha fraqueza e o meu coração./ Vem ensinar-me a viver na tua presença,/ no amor dos irmãos, na alegria, na paz, na união.

41. EU TENHO UM AMIGO QUE ME AMA

(COMEP 0409 - Pe. Jonas Abib)

1. Eu tenho um amigo que me ama, me ama, me ama!/ Eu tenho um amigo que me ama, seu nome é Jesus./ Que me ama, que me ama, que me ama com eterno amor./ Que me ama, que me ama, que me ama com eterno amor.

2. Tu tens um amigo que te ama, te ama, te ama./ Tu tens um amigo que te ama, seu nome é Jesus./ Que te ama, que te ama, que te ama com eterno amor./ Que te ama, que te ama, que te ama com eterno amor.

3. Nós temos um amigo que nos ama, nos ama, nos ama./ Nós temos um amigo que nos ama, seu nome é Jesus./ Que nos ama, que nos ama, que nos ama com eterno amor./ Que nos ama, que nos ama, que nos ama com eterno amor.

42. IRMÃO SOL COM IRMÃ LUZ

(COMEP 0567 - Waldeci Farias)

1. Irmão sol com irmã luz, trazendo o dia pela mão./ Irmão céu, de intenso azul, a invadir o coração. Aleluia.

Irmãos, minhas irmãs, vamos cantar nesta manhã,/ pois renasceu mais uma vez a criação das mãos de Deus./ Irmãos, minhas irmãs, vamos cantar: aleluia, aleluia, aleluia!
2. Minha irmã terra, que ao pé da segurança de chegar;/ minha irmã planta, que está suavemente a respirar. Aleluia.
3. Irmão flor, que mal se abriu, fala do amor que não tem fim;/ água irmã, que nos refaz e sai do chão cantando assim: Aleluia.
4. Passarinhos, meus irmãos, com mil canções a ir e vir;/ homens todos, meus irmãos, que nossa voz se faça ouvir: Aleluia.

43. GLÓRIA A JESUS NA HÓSTIA SANTA

1. Glória a Jesus na hóstia santa,/ que se consagra sobre o altar,/ e aos nossos olhos se levanta,/ para o Brasil abençoar.
Que o santo Sacramento,/ que é o próprio Cristo Jesus,/ seja adorado e seja amado/ nesta terra de santa Cruz.
2. Glória a Jesus, Deus escondido,/ que, vindo a nós na comunhão,/ purificado, enriquecido,/ deixa-nos sempre o coração.

3. Glória a Jesus, que ao rico, ao pobre/ se dá na hóstia em alimento,/ e faz do humilde e faz do nobre/ um outro Cristo em tal momento.

44. JESUS CRISTO ESTÁ REALMENTE

1. Jesus Cristo está realmente/ de dia e de noite presente no altar,/ esperando que cheguem as almas,/ ansiosas, ferventes, para o visitar.

Jesus, nosso Pai, Jesus, Redentor,/ nós te adoramos na Eucaristia,/ Jesus de Maria, Jesus, Rei de amor.

2. Que Jesus morre misticamente/ na missa sagrada é dogma de fé;/ cada dia, milhares de vezes,/ Jesus se oferece por nós, sua grei.

3. Brasileiros, quereis que esta pátria,/ tão grande e tão bela, seja perenal?/ Comungai, comungai, todo dia,/ a Eucaristia é vida imortal.

4. Cristo Rei é Senhor dos senhores,/ um dia na terra só tu reinarás;/ venha a nós, venha logo o teu reino/ de vida e verdade, de amor e de paz.

45. QUEREMOS DEUS

1. Queremos Deus, povo escolhido,/ em Jesus Cristo Salvador,/ que em seu amor tem reunido/ assim o justo e o pecador.

De nossa fé, ó Virgem,/ o brado abençoai!/ Queremos Deus, que é nosso Rei,/ queremos Deus, que é nosso Pai. (bis)

2. Queremos Deus! A caridade/ é nossa lei de bons cristãos./ Pois nisto está toda a verdade:/ "Amar-nos sempre como irmãos".

3. Queremos Deus! E na esperança/ peregrinamos sem temor./ Pois nossa fé e segurança/ nos vêm da Igreja do Senhor!

4. Queremos Deus, na sociedade,/ na lei, na escola e em nosso lar./ Justiça e paz, fraternidade/ então no mundo há de reinar.

5. Queremos Deus! Todos queremos/ o sangue dar por suas leis./ Cristãos leais, nós seguiremos/ a Jesus Cristo, Rei dos reis.

6. Queremos Deus! Prontos juramos/ ao Pai divino obedecer./ E de o servir nos ufanamos;/ queremos Deus até morrer!

46. SE AS ÁGUAS DO MAR DA VIDA

COMEP 0762-5

1. Se as águas do mar da vida/ quiserem te afogar,/ segura na mão de Deus e vai./ Se as tristezas desta vida/ quiserem te sufocar,/ segura na mão de Deus e vai.

Segura na mão de Deus,/ segura na mão de Deus./ Pois ela, ela te sustentará./ Não temas, segue adiante/ e não olhes para trás./ Segura na mão de Deus e vai.

2. Se a jornada é pesada/ e te cansas na caminhada,/ segura na mão de Deus e vai./ Orando, jejuando,/ confiando e confessando,/ segura na mão de Deus e vai.

3. O Espírito do Senhor/ sempre te revestirá./ Segura na mão Deus e vai./ Jesus Cristo prometeu/ que jamais de deixará./ Segura na mão de Deus e vai.

47. TU TE ABEIRASTE

(COMEP 5147-0 - P.C. Gabarain)

1. Tu te abeiraste da praia;/ não buscaste nem sábios nem ricos,/ somente queres que eu te siga.

Senhor, tu me olhaste nos olhos./ A sorrir, pronunciaste meu nome./ Lá na praia eu larguei o meu barco,/ junto a ti buscarei outro mar...

2. Tu sabes bem que, em meu barco,/ não tenho nem ouro nem espadas,/ somente redes e o meu trabalho.

3. Tu minhas mãos solicitas,/ meu cansaço que a outros descanse,/ amor que almeja seguir amando.
Senhor, tu me olhaste nos olhos./ A sorrir, pronunciaste meu nome./ Lá na praia eu larguei o meu barco,/ junto a ti buscarei outro mar...
4. Tu, pescador de outros lagos,/ ânsia eterna de almas que esperam,/ bondoso amigo que assim me chamas.

48. O POVO DE DEUS

Letra e música: Nely Silva Barros

1. O povo de Deus no deserto andava,/ mas à sua frente alguém caminhava./ O povo de Deus era rico em nada,/ só tinha esperança e o pó da estrada.
Também sou teu povo, Senhor,/ estou nesta estrada./ Somente tua graça/ me basta e mais nada.
2. O povo de Deus também vacilava,/ às vezes custava a crer no amor./ O povo de Deus chorando rezava,/ pedia perdão e recomeçava.
Também sou teu povo, Senhor,/ estou nesta estrada./ Perdoa se, às vezes,/ não creio em mais nada.

3. O povo de Deus também teve fome,/ e tu lhe mandaste o pão lá do céu./ O povo de Deus cantando deu graças,/ provou teu amor, teu amor que não passa.

Também sou teu povo, Senhor,/ estou nesta estrada./ Tu és alimento/ da longa jornada.

4. O povo de Deus ao longe avistou/ a terra querida que o amor preparou./ O povo de Deus sorria e cantava,/ e, nos seus louvores, teu amor proclamava.

Também sou teu povo, Senhor,/ estou nesta estrada./ Cada dia mais perto/ da terra esperada.

49. VEM, SANTO AFONSO

1. Vem, Santo Afonso, iluminar/ os corações dos filhos teus;/ amar queremos a Jesus,/ seguir teus passos para Deus.

2. Teu coração foi um altar,/ ornado de mil flores,/ com círios brancos a brilhar,/ para à divina Hóstia se imolar.

3. A Virgem foi tua doce luz/ nas noites de tormenta,/ estrela fúlgida a luzir,/ para guiar-te aos braços de Jesus.

4. Ó Santo Afonso, Mestre e pai,/ ensina-nos o teu caminho,/ que à Pátria conduzir-nos vai,/ para contigo amarmos a Jesus.

50. TÃO SUBLIME

Tão sublime Sacramento/ vamos todos adorar./ Pois um Novo Testamento; vem o Antigo suplantar./ Seja a fé nosso argumento/ se o sentido nos faltar.
Ao eterno Pai cantemos/ e a Jesus, o Salvador,/ igual honra tributemos/ ao Espírito de Amor./ Nossos hinos cantaremos,/ chegue aos céus nosso louvor. Amém.

— Do céu lhes destes o pão.
— Que contém todo o sabor.

Oremos: Deus, que neste admirável sacramento nos deixastes o memorial de vossa paixão, concedei-nos tal veneração pelos mistérios do vosso Corpo e do vosso Sangue, que experimentemos sempre em nós a sua eficácia redentora. Vós, que viveis e reinais para sempre.
— Amém.

ÍNDICE

Cânticos diversos